Heinrich Georg Bronn

Dr. H.G. Bronns Klassen und Ordnungen des Tierreichs

Sechster Band, V. Abteilung: Säugetiere, Mammalia

Heinrich Georg Bronn

Dr. H.G. Bronns Klassen und Ordnungen des Tierreichs
Sechster Band, V. Abteilung: Säugetiere, Mammalia

ISBN/EAN: 9783743463073

Hergestellt in Europa, USA, Kanada, Australien, Japan

Cover: Foto ©berggeist007 / pixelio.de

Manufactured and distributed by brebook publishing software (www.brebook.com)

Heinrich Georg Bronn

Dr. H.G. Bronns Klassen und Ordnungen des Tierreichs

Dr. H. G. BRONN'S
Klassen und Ordnungen
des
TIER-REICHS,

wissenschaftlich dargestellt

in Wort und Bild.

Sechster Band. V. Abteilung.

Säugetiere: Mammalia.

Herausgegeben von

Dr. E. Göppert,
Prof. in Marburg.

Erste Unterabteilung.

Bearbeitet von

Dr. U. Gerhardt,
Professor der Zoologie in Breslau.

Mit auf Stein gezeichneten Abbildungen.

1., 2., 3. u. 4. Lieferung.

Das Urogenitalsystem der Säugetiere.

Von

Prof. Dr. Ulrich Gerhardt, Breslau.

Allgemeines.

Das Urogenitalsystem der Säugetiere schließt sich in seinem Gesamtaufbau an das der übrigen Amnioten an; doch sind die dort bereits vorhandenen Bestandteile hier teilweise in Anpassung an wesentlich abgeänderte, viel höher differenzierte physiologische Leistungen gleichfalls beträchtlich modifiziert und nach einer bestimmten Richtung hin höher ausgebildet.

Mit den Sauropsiden haben die Säuger die Grundzüge der Entstehung des Urogenitalapparates gemein. In beiden Fällen werden drei Generationen von Excretionsorganen, Vor-, Ur- und Nachniere, *Pronephros*, *Mesonephros* und *Metanephros*, nacheinander angelegt, die in bestimmte, für die drei Organgenerationen verschiedene Beziehungen zum Geschlechtsapparat treten. Soweit sich diese Beziehungen auf die Urniere erstrecken, sind sie bei Sauropsiden und Säugern im wesentlichen gleich. Im männlichen Geschlecht tritt ein Teil der Urniere mit der Keimdrüse in Beziehung, so die sogenannte Sexualverbindung herstellend, und der bereits von der Urniere aus angelegte spätere Urnierengang oder Wolffsche Gang, der als Ableitungsweg der beiden provisorischen Excretionsorgane dient, wird dadurch gleichzeitig zum Ausführungsgang der männlichen Keimdrüse. Diese Sexualverbindung wird im weiblichen Geschlecht zwar auch angelegt, später aber wieder bis auf unbedeutende Rudimente rückgebildet. Dafür erhält aber die weibliche Keimdrüse wiederum einen ihr eigentümlichen Leitungsweg, den Müllerschen Gang, der an seinem oralen Ende enge Beziehungen zum Excretionsapparat, und zwar zur Urniere, aufweist, sonst aber eine gerade für Säugetiere recht verschieden beurteilte Beziehung zum Urnierengang zeigt. Dieser Gang erleidet beim männlichen Embryo das gleiche Schicksal, das den Urnierengang beim Weibchen trifft, er verschwindet bis auf bedeutungslose Reste.

Es existiert bei den Säugetieren im embryonalen Leben ein indifferenter, noch nach keinem bestimmten Geschlechtstypus hin entwickelter Zustand, aus dem sowohl der männliche wie auch der weibliche Habitus sich entwickeln kann. Aus dieser doppelten Entwicklungsmöglichkeit eines neutralen Zustandes erklärt sich eine ganze Reihe von Hemmungsbildungen, die als „Zwitterbildungen" imponieren.

Die für die Amnioten charakteristische dritte Nierengeneration, die Nachniere, bleibende Niere, Niere in der Anatomie der erwachsenen Tiere, *Metanephros*, steht in enger Beziehung zu ihrer Vorgängerin, der Urniere. Aus dem caudalen Teil des Urnierenganges sproßt der Ausführungsweg der Nachniere, der Harnleiter oder Ureter, kopfwärts hervor und tritt mit einem modifizierten caudalen Teil der Urniere, dem Nierenblastem, in Verbindung, der die peripheren, eigentlich secretorischen Teile der Niere zu liefern hat.

Somit stellen die embryonalen Excretionsorgane eine Verbindung sowohl mit der definitiven Niere, wie auch mit den Geschlechtsorganen dar. Die Harn- und die Geschlechtsorgane sind in ihrem definitiven Zustand in ihren Ausfuhrwegen eng miteinander verbunden, und zwar so, daß die Geschlechtsprodukte auf Wegen nach außen geleitet werden, die in irgendeiner Beziehung zum provisorischen Excretionsorgan gestanden haben, während der definitive Harnleiter keinerlei Beziehungen zu den Geschlechtsorganen besitzt.

Die Harn- und die Geschlechtswege haben bei den Amnioten nun noch Beziehungen zu einem weiteren Organ, das funktionell ursprünglich nichts mit ihnen zu tun hat, nämlich zum Enddarm. Während aber diese Beziehungen bei den Sauropsiden während des ganzen Lebens, also auch beim ausgewachsenen Tier, bestehen, ist dies unter den Säugern nur bei den Monotremen oder Kloakentieren in vollem Umfang der Fall. Bei allen übrigen Säugern wird diese Stufe überschritten, und die enge Verbindung zwischen Enddarm und Urogenitalsystem stellt nur noch einen vorübergehenden, embryonalen Zustand dar, während im Laufe der Entwicklung sich die Kotabgabe von der Excretion und der Abgabe der Sexualzellen räumlich mehr und mehr emanzipiert, obwohl Befunde bei niederen Typen noch Reste der alten, engen Beziehungen darstellen.

Nicht der Enddarm selbst, aber ein auf seinem Boden entstandenes Gebilde, die als Allantois bekannte Embryonalhaut, die als Aussackung des Enddarmes angelegt wird, tritt bei allen Säugern in engste Beziehung zum Harnapparat und liefert mit ihrem caudalen Teil die Harnblase, die als Reservoir für den von den Nieren bereiteten Harn bis zu dessen Entleerung dient.

Eine bei den Säugetieren mit Ausnahme der Monotremen neu auftretende weitere Verbindung zwischen den vom eigentlichen Enddarm bereits gesonderten Harn- und Geschlechtswegen, der in beiden Geschlechtern, jedoch in sehr verschiedenem Grade der Entwicklung auftretende Sinus urogenitalis, steht teilweise gleichfalls in indirekter Beziehung zum Enddarm, also zum Darmkanal. Es kann bei weiblichen Säugetieren zu einer Loslösung des Harnweges vom Geschlechtsweg kommen, so daß dann kein Sinus urogenitalis existiert, und der höchste

Grad der Trennungsmöglichkeit der verschiedenen, am aboralen Pole des Säugetierkörpers ausmündenden Organsysteme verwirklicht ist. Doch sind diese Fälle verhältnismäßig sehr selten.

Bei den Sauropsiden liefert der ectodermale Abschnitt des Enddarmes, das Proctodaeum, die dem Geschlechtsapparat angehörigen Begattungsorgane (Penis), die zur Überleitung der männlichen Geschlechtsprodukte in den weiblichen Genitalapparat dienen. Auch bei den Säugetieren finden sich, und zwar im Gegensatz zu den Plagiotremen, Copulationsorgane, die wohl zweifellos an die der Krokodile und Schildkröten morphologisch anzuschließen sind. Die mesodermal entstandenen Einlagerungen von fibrösem und besonders von schwellbarem Gewebe in dem Begattungsglied erlangen bei Säugern einen höheren Grad der Ausbildung als bei Sauropsiden, außerdem werden noch Teile der der Geschlechtsöffnung benachbarten äußeren Haut besonders ausgestaltet, wobei es zu spezifischen Modifikationen der Hautdrüsen und zur Ausbildung besonderer sensibler Nervenendigungen kommt.

Wie bei allen Amnioten, die im männlichen Geschlecht Copulationsorgane irgendwelcher Art besitzen, so treten auch bei den Säugetieren diesen homologe, weibliche Copulationsorgane auf, die als Clitoris, Kitzler, bezeichnet werden. Ihr Aufbau in morphologischer, wie auch in histologischer Beziehung entspricht im wesentlichen dem des Penis, doch ist nur in den seltenen, bereits erwähnten Fällen der Trennung des Harnweges vom Genitalkanal auch die Clitoris von der weiblichen Harnröhre durchbohrt.

Bei vielen männlichen Säugetieren wird durch eine Verlagerung der Keimdrüsen in eine paarige Aussackung der äußeren Haut, die zu einem einheitlichen Gebilde, dem Hodensack, Scrotum, verschmelzen kann, ein weiterer Teil der allgemeinen Körperbedeckung mit für die Geschlechtsorgane in Anspruch genommen; außerdem werden durch die Hodenverlagerung noch Teile des Bauchfelles und der Bauchmuskulatur in Mitleidenschaft gezogen.

Schon bei weiblichen Sauropsiden (Vögel) finden wir Vorrichtungen im Leitungswege der Genitalorgane, also dem Müllerschen Gang, die zur vorübergehenden Beherbergung des Eies auf seinem Wege nach außen dienen sollen. Bei den primitivsten Säugetierformen, den eierlegenden Monotremen, werden diese Vorrichtungen nicht übertroffen, wohl aber bei den Säugern, die eine höhere Entwicklungsstufe erreicht haben. Die Bildung einer Gebärmutter, Uterus, in der sich die embryonale Entwicklung bis zum Geburtsvorgange abspielt, erreicht bei höheren Säugetierformen immer kompliziertere und differenzierte Grade der Ausbildung. Diesem jeweiligen Ausbildungsgrade entspricht ungefähr der der Inanspruchnahme der Uteruswand von seiten des Embryos mit seinen Hüllen während der Tragzeit. Mit der höheren Entwicklung des Uterus steht in Zusammenhang die partielle Verschmelzung der Müllerschen

Gänge, die die höhere und höchste Ausbildung des Organes erst ermöglicht.

Der Teil der Müllerschen Gänge, der das Ei von der Keimdrüse zum Uterus leitet, der Eileiter oder die Tube, bleibt überall paarig.

Wir finden an der Ausbildung des Urogenitalapparates der Säugetiere sämtliche drei Keimblätter beteiligt, obwohl die wesentlichen Bestandteile, sowohl des Harn- wie des Geschlechtsapparates, mesodermaler Herkunft sind, ebenso wie einige Bestandteile der äußeren Geschlechtsteile. So sind die Keimdrüsen, Hoden und Ovarium, der Nebenhoden des Männchens, die Nieren und Harnleiter, sowie die Müllerschen Gänge des Weibchens mesodermalen Ursprunges. Der Umfang der Beteiligung des Ento- und Ectoderms wurde bereits erörtert.

Diese Gleichartigkeit des Ursprunges der einzelnen Komponenten des Urogenitalapparates in beiden Geschlechtern bedingt es, daß wir beim männlichen wie beim weiblichen Säugetier eine im wesentlichen übereinstimmende Anordnung der hauptsächlichsten Organe vorfinden. Bis auf seinen am meisten distal gelegenen Teil ist der Harnapparat unabhängig vom Geschlechtsapparat. Es besteht in beiden Geschlechtern aus den paarigen harnbereitenden Organen, den Nieren, den beiden Harnleitern und der unpaaren Harnblase.

Der Geschlechtsapparat weist in beiden Geschlechtern als wesentlichstes Organ die Keimdrüse oder Gonade, beim Männchen Hoden, Testis, Testiculus, beim Weibchen Eierstock, Ovarium, genannt, auf. Die Keimdrüsen selbst, die in Form mehr oder minder kompakter, cirkumscripter Organe auftreten, liegen in beiden Geschlechtern ursprünglich rechts und links der Wirbelsäule an der Dorsalwand der Bauchhöhle, außerhalb des Bauchfellsackes. Während, wie schon erwähnt, beim männlichen Säugetier eine Wanderung der Hoden, Descensus desticulorum, die Regel bildet, und deren Verbleiben in der Bauchhöhle, Testicondie, als Ausnahme betrachtet werden muß, behalten beim Weibchen immer die Ovarien ihre Lage innerhalb der Bauchhöhle bei, obwohl auch hier ein allerdings dem der Hoden gegenüber unbedeutender Descensus ovariorum überall vorkommt. Immerhin werden durch diesen geringen Descensus tiefergreifende Umordnungen in der Konfiguration des Bauchfellüberzuges der weiblichen inneren Genitalien bedingt.

An die keimbereitenden Organe schließen sich beim Männchen Nebenhoden und Samenleiter als Ausführwege des Samens, beim Weibchen die Derivate der Müllerschen Gänge, Tube, Uterus und Scheide oder Vagina zur Ableitung des ausgereiften Embryos (bei den Monotremen zur Eiablage), aber auch zur Einfuhr des Spermas bei und nach der Begattung an. Die äußeren Geschlechtsorgane dienen ausschließlich Begattungszwecken, abgesehen von der Tätigkeit der weiblichen Geschlechtsöffnung, (Scham, Vulva), bei dem Geburtsakt.

Somit wären bei einer Darstellung des Urogenitalsystems der Säugetiere folgende Organe zu berücksichtigen:
A. Die Harnorgane.
  I. Die Nieren, Renes.
  II. Die Harnleiter, Ureteres.
  III. Die Harnblase, Vesica urinaria.
B. Die Geschlechtsorgane.
  I. Die keimbereitenden Organe.
    1. Hoden, Testis.
    2. Eierstock, Ovarium.
  II. Die Leitungswege der Genitalprodukte.
    1. Die Derivate der männlichen Urniere und ihres Ganges.
      a) Nebenhoden, Epididymis,
      b) Samenleiter, Vas deferens,
      c) Drüsen der männlichen Geschlechtswege.
    2. Die Derivate des Müllerschen Ganges.
      a) Die Tube,
      b) der Uterus,
      c) die Scheide, Vagina.
  III. Der Sinus urogenitalis und die äußeren Geschlechtsorgane.
    1. Beim Männchen.
      a) Der Sinus urogenitalis masculinus,
      b) die männlichen Copulationsorgane.
    2. Beim Weibchen.
      a) Der weibliche Sinus urogenitalis,
      b) die weiblichen äußeren Begattungsorgane,
      c) die akzessorischen weiblichen Geschlechtsdrüsen.

A. Die Harnorgane.

Literatur.

1. **Ballowitz**, Über angeborenen einseitigen vollkommenen Nierenmangel. Virchow Archiv. CXLI. 1895.
2. **Becker, W.** u. **Lenhoff, R.**, Körperform und Lage der Nieren. Deutsche med. Wochenschr. 24. Jahrg. 1898. S. 508.
3. **Beer**, Über das Vorkommen von zweigeteilten Malpighischen Körperchen in der menschlichen Niere. Zeitschr. f. Heilkunde. XXIV. Bd., S. 334.
4. **Bergmann, A. M.**, Ein Fall von geteilter Niere, ren fissus (Schwein). Zeitschr. Fleisch- u. Milchhygiene. XXI. 1910. S. 41.
5. **Bowman** Structure and use of the Malpighian bodies of the Kidney. London 1842.
6. **Boycott, A. E.**, A case of unilateral Aplasia of the Kidney in a Rabbit. Journ. Anat. Physiol. Vol. VL. 1910. S. 20.
7. **Brasch, Erich**, Die Papilla renalis der Haussäugetiere. Österr. Monatschr. f. Tierheilkunde. 34. Jahrg. 1909.
8. **van den Broek, A. J. P.**, Über einige anatomische Merkmale von Ateles in Zusammenhang mit der Anatomie der Platyrrhinen. Anat. Anz. XXXIII. 1908. S. 111.

9. **Brown** Variation in position and development of the Kidney. Journ. of Anat. and Physiol. Vol. XXVIII. 1894.
10. **Brunner,** Über drüsenähnliche Bildungen in der Schleimhaut des Nierenbeckens des Ureters und der Harnblase des Menschen. Archiv mikr. Anat. XLI. 1885. S. 294.
11. **Carus, J. V.,** Über die Malpighischen Körper der Niere. Zeitschr. wiss. Zool. II. 1850. S. 58.
12. **Cavalié, M.,** Sur le rein du Dauphin. Compt. rend. Soc. biol. Paris. T. 55. No. 5. 1903. p. 212.
13. **Chievitz, J. H.,** Beobachtungen und Bemerkungen über Säugetiernieren. Archiv f. Anat. Suppl. 1897. p. 80.
14. **Colberg,** Zur Anatomie der Niere. Centralbl. med. Wiss. 1863.
    ———, Die Nieren des Menschen und der Säugetiere. 1865.
15. **Daudt, F. W.,** Beiträge zur Kenntnis des Urogenitalsystems der Cetaceen. Jenaische Zeitschr. XXXII. 1898. S. 231.
16. **Cuvier, G.,** Vorlesungen über gleichende Anatomie gesammelt von Duvernoy, übersetzt von Meckel. IV. Leipzig 1810.
17. **Dixon, A. F.,** Supernumerary Kidney: The occurrence of three kidneys in adult male subject. Journ. Anat. Physiol. XLV. 1910. S. 117.
18. **Dönitz, W.,** Über die Niere des afrikanischen Elefanten. Arch. f. Anat 1872. S. 85.
19. **Drasch, C.,** Über das Vorkommen zweierlei verschiedener Gefäßknäuel in der Niere. Wiener akad. Sitzungsber. 1878.
20. **Dumont, Arthur,** Untersuchungen über das Nierenbecken der Haussäugetiere. Diss. Bern 1905.
21. **Egli,** Über die Drüsen des Nierenbeckens. A. mikr. Anat. IX. 1873. S. 181.
22. **Ellenberger, W.,** u. **Baum, H.,** Handbuch der vergleichenden Anatomie der Haustiere. 9. Aufl. Berlin 1900.
23. **Emery, C.,** Recherches embryologiques sur le rein des Mammifères. Arch. ital. Biol. IV. 1883.
24. **Felix,** Die Entwicklung des Harnapparates in O. Hertwigs Handbuch der vergleichenden und experimentellen Entwicklungslehre der Wirbeltiere. III. 1. S 81. Jena 1906.
25. **Franz,** Nierenmißbildungen beim Schwein. Zeitschr. f. d. ges. Fleischbeschau. 1. 1905.
26. **Fürbringer, M.,** Zur vergleichenden Anatomie und Entwicklungsgeschichte der Excretionsorgane der Vertebraten. Morphol. Jahrb. IV. 1878. S. 1.
27. **Gegenbaur, C.,** Vergleichende Anatomie der Wirbeltiere mit Berücksichtigung der Wirbellosen. II. S. 464 ff. Leipzig 1901.
28. **Geoffroy, St. Hilaire,** Sur les appareils sexuels et urinaires de l'Ornithorhynque. Mém. du Musc. d'hist. nat. Paris. XV. 1827.
29. **Gerard, G.,** La circulation veineuse du rein chez quelques mammifères et chez l'homme. C. R. Assoc. Anat. Toulouse. Suppl. Bibliogr. anat. 1904. S. 162.
30. **Gerhardt, U.,** Beiträge zur Anatomie der Wiederkäuerniere. Diss. Berlin 1899.
31. ———, Zur Entwicklung der bleibenden Niere. A. mikr. Anat. LVII. 1901. S. 822.
32. ———, Die Morphologie des Urogenitalsystems eines weiblichen Gorilla. Jenaische Zeitschr. XLI. 1906. S. 632.
33. ———, Zur Morphologie der Säugetierniere. Verh. d. Deutsch. Zoolog. Ges. 1911. Basel.
34. **Golgi,** Annotazioni intorno all' Istologia dei reni dell' Uomo e di altri mammiferi. Atti della Reale accad. Lincei. V. 1889. p. 334.

A. Die Harnorgane.

35. **Gregory, E. R.**, Observations on the development of the excretory system in Turtles. Zool. Jahrb. Anat. Abt. XIII. 1900. S. 683.
36. **Groschuff, P.**, Notiz zur Arbeit Schreiners über die Entwicklung der Amnioteniere. A. A. XXI. 1902. S. 367.
37. **Hamburger, O.**, Über die Entwicklung der Säugetierniere. Arch. f. Anat. Suppl. 1890. S. 15.
38. **v. Hartenfels, G.**, Elephantographia curiosa seu Elephanti descriptio etc. Erfurt 1715.
39. **Hasebe**, Über das Nierenbecken der Japaner. Organ med. Ges. Kyoto. V. 3. 1908.
40. **Hauch, E.**, Über die Anatomie und Entwicklungsgeschichte der Nieren. Anat. Hefte. XXII. 1903. S. 153.
41. ———, Über die Anatomie der Nierenvenen. Ibid. 1904. S. 167.
42. **Haycraft, J. B.**, On the development of Kidney. Rep. 69. Mating British Ass. f. Adv. of Sc. Oxford 1894.
43. ———, The development of the Kidney of Rabbit. Internat. Monatsschr. f. Anat. XII. 1895.
44. **Henle, Z.**, Zur Anatomie der Nieren. Göttingen 1862.
45. **Herring, P. T.**, The development of the Malpighian bodies of the Kidney, and its relation to pathology. Journ. path. and bacter. Vol. VI. 1900.
46. **Hertwig, O.**, Handbuch der vergleichenden und experimentellen Entwicklungslehre der Wirbeltiere. III, 1. Jena 1906. (Siehe Felix).
47. **Hochstetter, F.**, Über den Einfluß der Entwicklung der bleibenden Nieren auf die Lage des Urnierenabschnittes der hinteren Cardinalvene. An. Anz. III. 1888. S. 938.
48. **Home, Everard**, Description of the Anatomy of Ornithorhynchus paradoxus. Philos. Transact. Royal Soc. London 1802. p. 67.
49. ———, Description of the Anatomy of O. hystrix. Ibid. p. 348.
50. **Huber**, The arteriolae of the mammalian Kidney. Brit. med. Journ. 1906.
51. **Hyrtl, J.**, Das Nierenbecken der Säugetiere und des Menschen. Denkschriften d. Wiener Akad. d. Wiss. Math.-nat. Klasse. XXXI. 1872.
52. ———, Die Korrosionsanatomie und ihre Ergebnisse. Wien 1873.
53. **Janosik, J.**, Histologisch-embryologische Untersuchungen über das Urogenitalsystem. Sitzungsber. d. K. K. Akad. d. Wiss. Wien. XCI. 1885. S. 97.
54. **Johnston, W. B.**, Reconstruction of a glomerulus of the human Kidney. An. Anz. XVI. 1899. S. 260.
55. **Kallay**, Die Niere im frühen Stadium des Embryonallebens. Mitt. embr. Inst. Wien 1885.
56. **Keibel, F.**, Über die Harnblase und die Allantois des Meerschweinchens nebst einer Bemerkung über die Entstehung des Nierenganges. An. Anz. VIII. 1893. S. 545.
57. ———, Zur Anatomie des Urogenitalkanales von Echidna acubata, var. typica. An. Anz. XXII. 1902. S. 301.
58. ———, Über die Entwicklung des Urogenitalapparates von Echidna. Verh. anat. Ges. Heidelberg 1903.
59. ———, Zur Entwicklungsgeschichte des Urogenitalapparates von Echidna aculeata var. typica. Semon, Zool. Forschungsr. in Austr. III. 1904. (Jenaische Denkschriften) p. 153—206.
60. **Klingner, C.**, Beitrag zur Anatomie der Kindernieren. Diss. Bern 1910.
61. **Külz, L.**, Untersuchungen über das postfötale Wachstum der menschlichen Niere. Diss. Kiel 1899.
62. **Kupffer, C.**, Untersuchungen über die Entwicklung des Harn- und Geschlechtssystems. Arch. mikr. Anat. 1865/66. I. S. 232. II. S. 473.
63. **Landau, E.**, Über einen ungewöhnlichen Fall von Nierenverzweigung an einer menschlichen Niere. Morphol. Jahrb. XL. 1909. S. 262.

64. **Lenhossék**, Das Nervensystem der Niere. Arch. path. Anat. LXVIII. 1876.
65. **Loewe, L.**, Zur Entwicklungsgeschichte der Säugetierniere. Arch. mikr. Anat. XVI. 1899. S. 507.
66. **Maresch, A.**, Über die Zahl und Anordnung der Malpighischen Pyramiden in der menschlichen Niere. An. Anz. XII. 1896. S. 299.
67. **Martin, P.**, Anatomie der Haustiere. Stuttgart 1904.
68. **Meckel**, Ornithorhynchi paradoxi descriptio anatomica. Lipsiae 1826.
69. **Meyer, Erich**, Über Entwicklungsstörungen der Niere. Virchows Archiv. Cl.XXIII. 1903. S. 209.
70. **Michio, Inouye**, Die Nierenkanälchen des Rindes und Tümmlers. Untersuchungen über Bau und Entwicklung der Niere, herausgeg. v. Karl Peter. Heft 1. Jena 1909.
71. **von Mihalkovics**, Entwicklung des Harn- und Geschlechtsapparates der Amnioten. I. Der Excretionsapparat. Intern. Monatsschr. Anat. Histol. II. 1885.
72. **Miles**, Some applications of the methode of injection with fusibel metal. Journ. of anat. and physiol. XXV. 1891.
73. **Milne-Edwards**, Leçons de la Physiologie et de l'anatomie comparée de l'homme et des animaux. VII. S. 350 ff.
74. **Müller, Paul**, Das Porenfeld der Niere des Menschen und einiger Haussäugetiere. Arch. Anat. 1883. S. 341.
75. **Nuhn**, Lehrbuch der vergleichenden Anatomie. 1878.
76. **Nußbaum, M.**, Über die Niere der Wirbeltiere. Sitzungsber. d. Niederrhein. Ges. Bonn 1878.
77. **Oppenheimer, Rud.**, Congenitale Bildungsfehler des Nierenbeckens. Ärztl. Verein Frankfurt a. M. 7. Febr. 1910.
78. **Owen, R.**, „Marsupialia" in Todds Cyclopaedia of Anatomy. Vol. III. London 1841. p. 257.
79. ——, „Monotremata". Ibid. p. 366.
80. ——, Anatomy of Vertebrates. III. London 1868.
81. **Owtschinnikow, P. J.**, Über einen Fall von angeborenem Nierenmangel (Aplasia s. Agenesia renis). Monatsber. f. Urologie. X. 1905.
82. **Paladino, G.**, Di alcune glandole non ancora descritte nella mucosa del bacinello renale. Bull. dell' assoc. de nat. e medici di Napoli.
83. **Panczyszyn, M.**, Über plastische Rekonstruktion der Pyramiden der menschlichen Niere. Sitzungsber. X. Kongreß poln. Ärzte u. Naturf. Lemberg 1907.
84. **Peter, K.**, Über die Nierenkanälchen des Menschen und einiger Säugetiere. Anat. Anz. Ergänzungsheft zu Bd. XXX. 1907. S. 114.
85. ——, Über den feineren Bau der menchlischen Niere. Verh. anat. Ges. 22. Vers. Berlin 1908. S. 159.
86. ——, Die Nierenkanälchen des Menschen und einiger Säugetiere. Untersuchungen über Bau und Entwicklung der Niere, herausgeg. v. K. P. Jena 1909.
87. **Petersen**, Über secretorische Änderungen im Epithel der ableitenden Harnwege bei einigen Säugetieren. Anat. Anz. XXVII. 1905, S. 187.
88. **Petit, Auguste**, Sur le rein de l'Éléphant d'Afrique (Elefas [Loxodon] africanus Blumb.). Arch. Zool. expér. et gén. Notes et Revue. Sér. 4. T. VII. No. 4. 1907. p. 103.
89. ——, Sur la musculature du rein de l'Éléphant d'Afrique. C. R. Soc. Biol. Paris. T. LXII. 1907.
90. ——, Sur le rein de l'Éléfant d'Afrique (Elephas africanus Cuv.). C. R. Soc. Biol. Paris. T. LXIV. No. 7. S. 326. 1908.
91. ——, Sur le rein de l'Éléphant d'Asie (Elephas indicus Cuv.). C. R. Soc. Biol. Paris. T. LXIV. No. 7. S. 326.
92. **Pourteyron**, La pathologie des deux reins. Thèse. Paris 1872.

93. **von Rapp, W.**, Die Cetaceen. Stuttgart 1837.
94. ———, Anatomische Untersuchungen über die Edentaten. Tübingen 1852.
95. **Rathke, H.**, Abhandlungen zur Bildungs- und Entwicklungsgeschichte des Menschen und der Tiere. Leipzig 1832/33.
96. **Reger, R.**, Über die Malpighischen Knäuel der Nieren und ihre sogenannten Kapseln. Müllers Archiv f. Anat. u. Phys. 1864. S. 537.
97. **Remak, R.**, Untersuchungen über die Entwicklung der Wirbeltiere. Berlin 1855.
98. **Ribbert, H.**, Über die Entwicklung der bleibenden Niere und über die Entstehung der Cystennieren. Verh. d. deutschen pathol. Ges. München. XCIX. 1900. S. 187.
99. **Riede**, Untersuchungen zur Entwicklung der bleibenden Niere. Diss. München 1887.
100. **Riedel**, Entwicklung der Säugetierniere. Unters. a. d. anat. Inst. Rostock 1874.
101. **Riha, A.**, Das männliche Urogenitalsystem von Halicore dugong Erxl. Zeitschr. Morphol. u. Anthropol. XIII. Heft 3. 1911. S. 395.
102. **Rubeli**, Zur Lage der linken Niere bei Rindsföten. 81. Verh. Schweiz. naturf. Ges. 1898.
103. **Schimkewitsch, W.**, Lehrbuch der vergleichenden Anatomie der Wirbeltiere. Stuttgart 1910.
104. **Schreiner, K. E.**, Über die Entwicklung der Amniotenniere. Zeitschr. wiss. Zool. LXXI. 1902. S. 1—188.
105. **Schweigger-Seidel**, Die Nieren des Menschen und der Säugetiere in ihrem feineren Bau. Halle 1865.
106. **Sedgwick, A.**, Development of the Kidney in relation to the Wolffian body in the chick. Quart. Journ. micr. sc. XX. 1880. p. 62.
107. ———, On the development of the structure known as the glomerulus of the headkidney in the chick. Ibid. p. 372.
108. ———, On the early development of the anterior part of the Wolffian duct and body in the chick, together with some remarks on the excretory system of the Vertebrats. Ibid. Vol. XXI. 1881. p. 432.
109. **Seiffert**, Die Drüsen im Ureter des Pferdes. Anat. Anz. XXVII. 1905. S. 122.
110. **Selenka, E.**, Studien zur Entwicklungsgeschichte der Tiere. Wiesbaden 1887.
111. **Seng, V.**, Ein Beitrag zur Lehre von den Malpighischen Körperchen der menschlichen Niere. Sitzungsber. Akad. Wiss. Wien. LXIV. 1871.
112. **Sertoli**, Osservazioni sulla struttura della mucosa del bacino renale del cavallo. Gaz. medico-veterinaria. Giugno. Jahrg. 3.
113. **Stein, S. Th.**, Die Harn- und Blutwege der Säugetierniere. Würzb. med. Zeitschr. Band V.
114. **Stoerk, O.**, Beitrag zur Kenntnis des Aufbaues der menschlichen Niere. Anat. Hefte, Abt. 2. Heft 72. 1905. S. 283.
115. **Strahl, H.**, Entwicklungsgeschichte und Mißbildungen der Niere. Deutsche Chirurgie. 1896.
116. **Thayssen, A.**, Die Entwicklung der Niere. Vorl. Mitt., Centralbl. med. Wiss. 1873. S. 539.
117. **Toepper**, Untersuchungen über das Nierenbecken der Säugetiere mit Hilfe der Korrosionsanatomie. Diss. Basel, Berlin 1896.
118. **Toldt, C.**, Untersuchungen über das Wachstum des Menschen und der Säugetiere. Sitzungsber. K. K. Akad. d. Wiss. Wien. LXIX. 3. Abt. April 1877.
119. **Vaerst, K.**, Die Fleckniere des Kalbes. Diss. Bern 1901.
120. ——— u. **Guillebeau, A.**, Zur Entwicklung der Niere beim Kalbe. Anat. Anz. XX. 1901. S. 340.
121. **Viannay, Ch. et Cotte, G.**, Absence congénitale du rein, de l'uretère et des voies spermatiques du côté droit. Bibliogr. Anat. T. XV. 1906. S. 20.
122. **Weber, M.**, Die Säugetiere. Jena 1904.

Weber, S., Zur Entwicklungsgeschichte des uropoetischen Apparates bei Säugetieren usw. Schwalbe, morpholog. Arbeiten. VII. 1897. S. 611.
123. Wolff, A., Beitrag zur Lehre vom arteriellen Gefäßsystem der Niere. Diss. med. Berlin 1910.
124. Zarnik, Boris, Vergleichende Studien über den Bau der Niere von Echidna und der Reptilienniere. Jenaische Zeitschr. LXXXVI. 1910. S. 113.
125. Zondek, M., Das arterielle Gefäßsystem der Niere und seine Bedeutung usw. Arch. klin. Chir. LIX. 1899. S. 588.

Die Harnorgane aller Säugetiere zeigen insofern in Form und Lage große Übereinstimmung, als das eigentlich harnbereitende Organ, die Niere, überall eine kompakte, konzentrierte Form aufweist und scharf von seinem Leitungswege, dem Harnleiter, abgesetzt ist, der lang, dünn und röhrenförmig gestaltet ist. Auch die Harnblase zeigt in ihrer von vornherein gegebenen Sackform viel Übereinstimmung, doch besteht im einzelnen an allen Teilen des Harnapparates eine große Anzahl von Abweichungen. Die äußersten Endwege des Harnapparates sind mit denen der Genitalorgane fast immer verbunden.

I. Die Nieren, Renes.

Die Nieren der Säugetiere zeichnen sich äußerlich durch eine Anzahl von Besonderheiten vor denen der Sauropsiden aus, mit denen sie ja morphologisch als gleichwertig zu betrachten sind. Sie sind von der gestreckten Form der Schlangen- oder Eidechsenniere ebensoweit entfernt wie von der breiten, abgeplatteten der Schildkröten- oder auch der Vogelniere, die eng in alle Vertiefungen der knöchernen Beckencavität eingepaßt ist. Die Säugerniere ist im Gegensatz zu den beiden letztgenannten Formen immer ein beträchtliches Stück kopfwärts vom Becken gelegen, meist auf dem Bauche des M. ileo-psoas. Wie bei allen Vertebraten, liegen natürlich auch hier die Nieren außerhalb des Peritonealsackes, doch kann es zur Bildung einer Bauchfellfalte, eines Bandes, kommen, in dem die Nieren dann suspendiert sind. Sehr häufig, in ihren Ursachen allerdings nicht aufgeklärt, findet sich eine Asymmetrie der Lage beider Nieren. Sie kann sich in verschieden großer seitlicher Entfernung von der Medianlinie äußern, aber auch in einer Verschiebung einer Niere in cranialer oder caudaler Richtung. Es ist im Einzelfalle nicht immer möglich, diese Verschiebungen auf äußere Einwirkungen, Druck von benachbarten Organen usw. zurückzuführen. Häufiger als die linke — es kommt auch dies vor — ist die rechte Niere weiter kopfwärts gelegen, womit natürlich eine größere Länge des Harnleiters der betreffenden Seite verbunden ist. Ausnahmsweise kann infolge langer Aufhängung einer Niere diese in der horizontalen normalen Körperhaltung des Säugetieres so weit herabhängen, daß sie nicht neben, sondern ventral von der Wirbelsäule zu liegen kommt (22).

Die Form der Säugerniere ist sehr charakteristisch und zeigt im allgemeinen eine gewisse Konstanz, so daß wir ja auch im täglichen

Leben Dinge als „nierenförmig" bezeichnen. Diese typische „Bohnenform" der Niere erfährt jedoch im einzelnen zahlreiche Abweichungen, und neben fast zylindrischen, sehr in die Länge gezogenen Nieren kommen ganz kurze, gedrungene, fast kugelige vor. Andere sind in dorso-ventraler Richtung stark abgeplattet, manche fast dreieckig und dergleichen mehr. Auch in der Form der Nieren können sehr verschieden hoch entwickelte Grade von Asymmetrie vorkommen. Absolute Symmetrie beider Nieren dürfte sich wohl kaum irgendwo finden. Hier ist jedoch nur die gröbere, ohne weiteres sichtbare Asymmetrie gemeint, wie sie z. B. beim Pferde schon lange bekannt ist.

Große Mannigfaltigkeit zeigt schon die Oberfläche der Nieren. Sie kann glatt sein, und das ist das Gewöhnliche, sie kann leichte Gefäßfurchen tragen, und diese Furchen können so stark vertieft sein wie etwa die Sulci der Hirnoberfläche höherer Säuger. Endlich kann es zu einer tiefen Zerklüftung der gesamten Niere kommen, die zu einer Zusammensetzung aus mehr oder weniger zahlreichen, beerenartigen Einzelnieren, Renculi, führen kann, in welchem Falle man von einer zusammengesetzten Niere spricht.

Weist so schon die äußere Form der Niere bei den Säugern zahlreiche und beträchtliche Verschiedenheiten auf, so äußern sie sich weit stärker und zahlreicher bei einer Betrachtung der inneren Nierenstruktur. Oft geht die innere und äußere Struktur der Niere Hand in Hand, so daß das Verständnis ihrer gegenseitigen Beziehungen auf keine Schwierigkeiten stößt. Oft aber auch sind diese Beziehungen recht unklar, und auch die bekannt gewordenen entwicklungsgeschichtlichen Daten können uns nicht immer befriedigende Auskunft geben, weshalb häufig die innere Struktur einer Niere ganz anders ist, als man es nach ihrem äußeren Anblick erwarten sollte.

Es wird zweckmäßig sein, die Hauptkomponenten der Säugetierniere hier kurz noch einmal zu besprechen:

Die Niere des erwachsenen Säugetieres besteht aus dem eigentlichen Nierenparenchym, das von den verschlungenen und in einer je nach der Art verschiedenen Weise geschlängelten Nierenkanälchen gebildet wird. Jedes Kanälchen endigt blind mit einer Anschwellung, der Bowmanschen Kapsel, die ein parietales und viscerales Blatt besitzt. In das viscerale Blatt ist der Glomerulus, ein kleines arterielles Wundernetz, eingestülpt, zu dem das Blut durch ein Vas afferens geleitet, und aus dem es durch ein Vas efferens wieder entfernt wird. Bowmansche Kapsel und Glomerulus bilden zusammen das Nierenkörperchen oder Malpighische Körperchen, Corpusculum renis s. malpighii. Die Glomeruli und die sich unmittelbar an sie anschließenden, gewundenen Abschnitte der Harnkanälchen, die Tubuli contorti, liegen in der makroskopisch deutlich abgegrenzten Rindenzone, die Henleschen Schleifen und die geraden Abschnitte der Kanälchen in der Markschicht der

Niere. Makroskopisch scheint von außen betrachtet die Niere, nach Abziehen ihrer Kapsel, nur von Rindensubstanz begrenzt. Und doch besteht in ihrem Innern ein Teil, an dem Marksubstanz freiliegt. Diese Stelle, die im Sinus renis, in der dem Nabel der Bohne entsprechenden Einziehung der Niere, gelegen ist, stellt einen ins Innere der Niere hineinreichenden Hohlraum dar, der deshalb von außen unter gewöhnlichen Umständen nicht sichtbar ist, weil in ihn hinein die Nierenarterie, aus ihm heraus die zugehörige Vene und der Harnleiter führen, so daß er von diesen drei Gebilden, sowie dem sie umgebenden Fett und Bindegewebe völlig ausgefüllt erscheint. Diese Ein- und Austrittsstelle der drei Organe wird Nierenpforte, Hilus renis, genannt. Der Ureter, der am Hilus in die Niere eintritt, kann sich im Sinus renis sofort verzweigen, ohne vorher eine einheitliche, umfangreiche Erweiterung zu bilden (ramifizierter Ureter Hyrtls), oder es bildet eine solche größere, den Sinus renis mehr oder weniger vollständig ausfüllende Erweiterung, das Nierenbecken, Pelvis renis, von dem wiederum Zweige des Ureters in das Nierenparenchym ausgehen können. — Ein ausgesprochener Sinus renis kann ebenso, wie ein deutlicher Hilus, selbstverständlich nicht als Eintrittsstelle der Gefäße, sondern als Einziehung des Nierenrandes gemeint, fehlen.

In engem Zusammenhang mit der Ausgestaltung des blinden, in die Niere hineinreichenden Ureteranteiles stehen die Bildungen, die sich an dem in den Sinus renis hineinragenden Teile des Nierenmarkes finden. Die Harnkanälchen münden im Sinus renis auf dem Teile des Markes, der als das Dach des Nierenbeckens bezeichnet wird, frei in den Endabschnitt des Ureters hinein. Die Gesamtheit dieser bei größeren Nieren mit bloßem Auge wahrnehmbaren Öffnungen der Harnkanälchen wird als Area cribrosa, auch Cribrum benedictum der alten Anatomen, bezeichnet, wenn sie auf einer gemeinsamen Fläche des Beckendaches liegt. Das braucht nicht der Fall zu sein, es können auch die Mündungen der Kanälchen in einzelnen großen Ästen des ramifizierten Ureters diffus verstreut liegen. So wird eine ausgesprochene Area cribrosa im allgemeinen an ein richtiges Nierenbecken gebunden sein, während bei ramifiziertem Ureter das zunächst nicht der Fall zu sein braucht. Wohl aber können bei verzweigtem Harnleiter dessen Endäste ihrerseits wieder kleine Partien von Marksubstanz umfassen, von denen dann jede eine kleine Area trägt, so daß also in diesem Falle mehrere oder sogar ausgesprochen viele Areae cribrosae vorhanden sein können.

Die embryonale Entwicklung der Säugetierniere [s. Felix, (24)] ist in ihren Einzelheiten ganz besonders durch Schreiners (104) und Hauchs (40) Untersuchungen klargestellt worden. Sie unterscheidet sich nur insoweit prinzipiell von der anderer Amniotennieren, als die kompaktere und konzentrierte Form der Säugerniere einen anderen Modus des Auswachsens der Hohlräume in der Niere erfordert. Das Aussprossen des

Ureters vom Nierengang in cranialer Richtung, sowie die Anlage des Nierenbeckens und der Sammelröhren von ihm aus erfolgt hier wie dort. Typisch für die Säugetierniere ist das Hervorwachsen zweier relativ sehr kurzer Sprossen aus dem blinden Ende des Ureters, Sammelröhren erster Ordnung (Felix), von denen aus blind endende Sammelröhren zweiter usw. Ordnung aussprossen. Dadurch nun, daß die Sammelröhren früherer Ordnung zum Teil reduziert und in das Nierenbecken aufgenommen werden, kommen weite Aussackungen des Beckens zustande, die ja aus einem größeren Komplex von Sammelröhren erster, zweiter usw. Ordnung entstanden sind.

Ferner tritt bereits im embryonalen Leben bei sehr vielen Säugern eine weitgehende Teilung des Nierenblastems in einzelne Portionen ein, die der Zahl der einzelnen blind endenden Harnkanälchen entsprechen. Das nephrogene Gewebe wird durch die vom Ureter aussprossenden Hohlräume gewissermaßen in die Höhe gehoben und in immer kleiner werdende Bezirke verteilt. Die ersten, naturgemäß relativ großen dieser Bezirke, die die wenigen Sammelröhren erster Ordnung umgeben, werden als die **primären Nierenpyramiden** (beim Menschen 4) und die zwischen ihnen nach den zentralen Teilen der Niere hin einragenden bindegewebigen Partien als **primäre** Columnae bertini bezeichnet. Solche Columnae werden im weiteren Verlaufe der Nierenentwicklung in größerer Anzahl gebildet, doch naturgemäß nur so viele, daß sie eine sehr große Anzahl von Harnkanälchen, Glomeruli usw. zwischen sich fassen. Somit wird durch die Columnae bertini die Niere in größere oder kleinere, wenige oder zahlreichere secretorische Bezirke eingeteilt, deren Entwicklungsgrad ihre größere oder geringere Selbständigkeit bedingt.

Wo die Niere im erwachsenen Zustande sich durch die größte vorkommende Einfachheit des Baues auszeichnet, kommt es überhaupt nicht zur Bildung Bertinischer Säulen. Die Niere ist in jeder Beziehung einheitlich. Das Auftreten gesonderter Nierenterritorien bei anderen Säugern mindert diese Einheitlichkeit, und schließlich können die einzelnen Nierenterritorien zu morphologisch scharf sich abhebenden **Nierenlappen** werden. Dabei ist zu bemerken, daß auch bei solchen Nieren, bei denen eine derartige Lappenbildung noch nicht auftritt, sondern die Nierensubstanz nur in solche eben erwähnte Bezirke durch die Columnae geschieden ist, diese Bezirke nach der Nierenperipherie hin konvex sind. Dadurch wird die äußere Oberfläche der Niere in einzelne, buckelartig vorspringende Partien zerlegt, die naturgemäß durch mehr oder minder tiefe Furchen voneinander getrennt sind. Diese Furchen müssen den Columnae bertini entsprechen, die sich von hier aus in die Tiefe des Nierenparenchyms erstrecken. Werden diese Furchen — natürlich auf Kosten des Bindegewebes der Columnae — tiefer und tiefer, so werden die von ihnen umfaßten, nach außen vorgewölbten Nierenpartien mehr und mehr selbständig, bis sie schließlich, unter immer stärkerer Vorwölbung ihrer Oberfläche, zu Teilorganen werden, von denen jedes sämtliche Schichten des Gesamtorganes enthält.

Was angeborene pathologische Zustände der Säugetierniere anbelangt, so ist zunächst der Befund zu erwähnen, der weit häufiger auftritt, als man bei der lebenswichtigen Bedeutung des Organes eigentlich erwarten sollte: vollständiger Mangel der Niere einer Seite und des zugehörigen Ureters (s. Literatur Nr. 1, 6, 81, 121, die Zahl der hierhergehörigen Mitteilungen aus der menschlischen Pathologie ist sehr groß). Ich selbst habe bei Sektion eines Dril (*Cynocephalus leucophaeus*) zu meiner großen Überraschung völliges Fehlen der linken Niere und des linken Ureters angetroffen.

Aber auch das Gegenteil kommt vor. Vermehrung der Zahl der Nieren, ein Vorkommnis, das bei einem so ausgesprochen paarigen Organ, wie die Niere es ist, wohl ebenso seltsam ist, wie sein einseitiges Fehlen (Dixon 17).

Im übrigen sind abnorme Gefäßverteilung in den Nieren und kongenitale Bildungsfehler am Nierenbecken (25, 69, 77) als häufigere Vorkommnisse zu erwähnen. Von ganz besonderer Wichtigkeit für die Deutung der embryonalen Entwicklung der Säugetierniere sind die pathologischen Zustände, die auf einer mangelhaften oder völlig fehlenden Vereinigung der zentralen und peripheren Anlage der Nierenbestandteile beruhen, die vom Ureter und vom Nierenblastem herstammen (98, 121, 122). Die Mehrzahl der pathologischen Bildungen an Nieren ist beim Menschen beobachtet worden, dann stellen die Haustiere das größere Kontingent im Vergleich zu den freilebenden Tieren, bei denen sie aber auch nicht völlig ausbleiben.

Kaum als eigentliche Abnormitäten zu betrachten sind die Fälle, in denen der Typus des Nierenbeckens nicht so strikt fixiert ist, daß nicht Abweichungen von ihm vorkämen. Solche Formschwankungen, die teilweise noch innerhalb der individuellen Variationsbreite liegen dürften, können naturgemäß nur an reichlichem Material einer und derselben Spezies festgestellt werden; in dieser Beziehung kommen außer einigen besonders häufigen und häufig getöteten freilebenden Tierformen fast nur domestizierte Formen und besonders der Mensch in Betracht. Am Menschen und an Haustieren sind in der Tat auch die meisten hierhergehörigen Ergebnisse gewonnen worden.

Über die Entwicklungsgeschichte der Säugetierniere siehe vor allem Chievitz (13), Colberg (14), Emery (23), Felix (24), Hamburger (37), Hauch (40), Kupffer (62), Loewe (65), Mihalkovics (71), Rathke (95), Remak (97), Ribbert, Riede, Riedel (98—100), Schreiner (104), Sedgwick (106f), Thayssen (116).

Je nach der Verteilung von Mark-, Rinden- und Ureteranteil in der Niere kommt es zur Bildung dessen, was man als einfache oder zusammengesetzte Niere bezeichnet. Der einfachste Typus der einfachen

A. Die Harnorgane.

Niere findet sich lediglich bei primitiven Säugergruppen, und zwar zunächst bei den Monotremen.

Monotremen.

Untersuchtes Material: *Ornithorhynchus anatinus* Shaw, *Echidna aculeata var. lavesi* Shaw.

Literatur: Hyrtl (51, 52), Zarnik (124), Owen (78), Home (48, 49).

Ornithorhynchus und *Echidna* weisen einen etwas verschiedenen Bau der Niere auf, wie das bereits Hyrtl und auch, obwohl in etwas abweichender Weise, Gegenbaur betont haben. Aus Hyrtls Corrosionspräparaten geht klar hervor, daß *Ornithorhynchus* ein kleines, aber deutliches Nierenbecken besitzt, von dem aus Kanäle in die Niere hineinstrahlen. Hyrtl selbst erwähnt eine deutliche Papille bei *Ornithorhynchus*, die in das Nierenbecken hineinragt, aber auf seiner Abbildung (I, 4) gewinnt man den Eindruck, daß vielmehr, wie das auch Gegenbaur angegeben hat, bei *Ornithorhynchus* eine Niere mit deutlichem Becken, aber ohne Papille, jedoch mit mehreren Hauptkanälen vorliegt, die direkt ins Becken münden und ihrerseits, ohne Vermittlung eines papillenartigen Organes oder einer Area cribrosa, die Harnkanälchen aufnehmen. Auch ich finde diese von Gegenbaur auf 4—5 geschätzten größeren (Haupt-)kanälchen vor, das Becken selbst ist im Vergleich zu diesen Kanälchen so unbedeutend entwickelt, daß kaum von einem solchen gesprochen werden kann.

Anders liegen die Verhältnisse bei *Echidna*. Hyrtl betont, daß bei *Ornithorhynchus* das Nierenbecken tief in der Niere liege, bei *Echidna* dagegen bereits an deren medialem Nierenrande die terminale Erweiterung des Ureters beginne. Dasselbe meint offenbar Gegenbaur, wenn er sagt, daß *Echidna* zwar einen Hilus, aber keinen Sinus renis besitze. Wenn aber Gegenbaur angibt, bei Echidna verzweige sich der Ureter, ohne zuvor eine Beckenerweiterung darzustellen, so läßt sich das nach dem mir vorliegenden Material nicht bestätigen. Aus Hyrtls Abbildung des Corrosionspräparates eines Nierenbeckens von *Echidna hystrix* geht klar hervor, daß hier ein einfaches unverzweigtes Nierenbecken mit Papille, ohne Hauptkanälchen, vorliegt (Taf. I, Fig. 2).

Zarnik hat in neuester Zeit festgestellt, daß die Niere von Echidna ein echtes Becken besitzt, in das ein Körper hineinragt, den wir am einfachsten, allerdings im Gegensatz zu Zarnik, als eine Papille bezeichnen können, deren *Area cribrosa* dellenförmig konkav ist und von dem prominenten Teil der Papille als einem „Randwulst", wie Zarnik ihn nennt, umgeben ist. Wie Taf. I, Fig. 1a zeigt, finde ich, ebenso wie Zarnik, auf dem Hauptschnitt ebenfalls eine Papille, die keine eigentliche Konvexität gegen das Nierenbecken hin besitzt, dagegen erhält man das Bild der „Nierenwarze" in einer Form auf dem Nierenquerschnitt (Taf. I, Fig. 1b). Es besitzt also hier die Hervorragung der Nierensubstanz, die das Dach des Nierenbeckens bildet, genau genommen eher die Gestalt einer allerdings nur kurzen Leiste als einer eigentlich konischen Papille.

In der Form stellen die Nieren von *Ornithorhynchus* wie von *Echidna* typische Säugetiernieren dar, ohne irgendwelche Anklänge an die Gesamtskulptur von Reptiliennieren. Sie stellen kurze, breite, fast genau ovale Körper dar, die auf beiden Körperseiten symmetrisch angeordnet sind. Der Hilus ist weder bei *Ornithorhynchus*, noch bei *Echidna* deutlich ausgeprägt. Als Maße finde ich bei *Ornithorhynchus* beiderseits: Länge 36—37 mm, Breite 28 mm, Dicke 9 mm, bei *Echidna* 34:22:17 mm. Die viel größere Dicke der Niere von *Echidna* erklärt sich aus dem besseren Erhaltungszustande des Präparates, das frisch konserviert wurde, während von Ornithorhynchus nur ein älteres, sehr weiches Präparat zur Verfügung stand.

Auf dem Schnitt durch Monotremennieren fällt auf, wie wenig deutlich Mark- und Rindensubstanz hier geschieden sind. Zarnik weist hierauf hin, sowie auf die Tatsache, daß bei *Echidna* (es gilt dies auch für *Ornithorhynchus*) auch innerhalb der Marksubstanz kaum irgendwelche Schichtungen wahrnehmbar sind. Von Pyramidenbildung oder auch nur von deren entfernter Andeutung kann keine Rede sein. Mit Zarnik sehe ich in der außerordentlichen Einfachheit des Baues der Monotremenniere einen phylogenetisch wichtigen Punkt, indem sie den Schluß wahrscheinlich macht, daß die gelappten multipapillären Nieren aus „einfachen entstanden sein dürften". Wir werden auf diesen Punkt noch zurückkommen müssen.

Während so in morphologischer Beziehung an den Monotremennieren keine eigentlichen Reptilien-, vielmehr, wie schon Owen (74) betont, reine Säugetiercharaktere vorherrschen, ist das nicht der Fall in histologischer Beziehung. Zarnik fand neben dem eben erwähnten Charakter der Schichtenlosigkeit des Markes, die sich ja auch histologisch äußern muß, noch allen viviparen Säugern gegenüber bei *Echidna* die Eigentümlichkeit, daß neben normalen, denen höherer Säuger gleichenden Harnkanälchen solche bestanden, die er als „Zweigkanälchen, schleifenlose Kanälchen" bezeichnet, die nur aus dem Glomerulus und einem kurzen, leicht geschlängelten Abschnitt bestehen, der alsbald in eine Sammelröhre mündet. Das entspricht einem Zustande, der sich bei Reptilien an den Scheiteln der Nierenläppchen zeitlebens findet, bei Säugetieren sonst aber nur während des Embryonallebens, sowie unmittelbar post partum. Zarnik schließt auf Grund dieses Befundes, daß bei *Echidna* zeitlebens neue Harnkanälchen auswachsen, und daß also bei diesem Tiere dauernd eine „neogene Zone" in der Nierenrinde besteht.

Somit weisen die Monotremennieren die in der morphologischen Gesamtgestaltung vermißte „Reptilienähnlichkeit" der Nieren doch in histologischer Beziehung auf.

Marsupialia.

Untersuchte Spezies: *Phascolomys ursinus* Shaw, *Phalangista vulpina* Meyer, *Dasyurus viverinus* Shaw, *Didelphys sp.*, *Macropus giganteus* Zimm., *Halmaturus thetidis* Less., *Thylogale eugenii* Desm.

A. Die Harnorgane.

Literatur: *Phascolomys, Halmaturus giganteus, H. brunnii, Macropus benetti, M. laniger* [Hyrtl (51)], *Halmaturus sp.* [Chievitz (13), Hyrtl, Owen (78)].

Während bei den Beuteltieren die äußere Form der Nieren nicht als völlig einheitlich bezeichnet werden kann, läßt sich bei allen bisher untersuchten hierhergehörigen Arten eine große Übereinstimmung im inneren Bau feststellen. Wir haben fast bei allen Beutlern in reiner Form die einwarzige Niere, allerdings in verschiedenen Graden der Ausbildung dieser einen Warze und ihrer Nebenbestandteile.

Bei *Echidna* unter den Monotremen hatten wir eine Nierenform kennen gelernt, die sich durch große Einfachheit des Baues auszeichnet, und für die die im Spezialfalle mit konkaver Area cribrosa versehene, sehr flache Papille charakteristisch war.

Einen ganz ähnlichen Typus der Niere, von gleicher Einfachheit des Baues, finden wir bei allen kleineren Beutlern, nur mit dem Unterschiede, daß die Papille hier die Area cribrosa nicht auf einer dellenförmigen Einziehung, sondern vielmehr im Gegenteil auf einer stark hervortretenden kegelförmigen Erhöhung trägt. Hiermit ist der Typus der einfachen Nierenwarze geschaffen, den wir nicht nur bei Beutlern, sondern auch bei monodelphen Säugern, besonders bei solchen von geringer Körpergröße, in weiter Verbreitung antreffen. Außer der eben besprochenen Form der Papille zeichnet sich diese Niere der der Monotremen gegenüber noch dadurch aus, daß bei ihr Mark- und Rindensubstanz deutlich geschieden sind. Das tritt, abgesehen vom frischen Objekt, besonders bei in Formalin konservierten Präparaten deutlich hervor. Aber die Rinde umgibt auch hier als einfache, gleichmäßig dicke Schale das Mark.

Corrosionspräparate des Nierenbeckens von Beutlern bildet Hyrtl ab. Er stellt fest, daß bei *Phascolomys, Phalangista vulpina* und *Ph. cooki* der einfachste Bau des Beckens vorliegt, der keinerlei Verzweigungen aufweist. Auch *Didelphys* besitzt nach Hyrtl ein unverzweigtes Nierenbecken, obwohl hier bereits einige leichte Ausbuchtungen am Rande des Beckenausgusses vorhanden sind.

In viel höherem Maße abweichend gestaltet ist der Beckenausguß von *Macropus rufus*. Hier tritt das deutlich hervor, was Hyrtl als „Becken mit blattförmigen Ausstülpungen" bezeichnet. Diese Ausstülpungen sind aber nur der Ausdruck der Tatsache, daß hier die gleichfalls nur in der Einzahl vorhandene Nierenwarze eine Differenzierung erfährt, deren Folgen sich auch auf die Rindensubstanz erstrecken.

Wenn man eine Niere des erstbeschriebenen, einfachen Typus nicht in der Ebene des „Hauptschnittes", sondern in einer zu diesem parallelen durchschneidet, so ist die Verteilung von Mark- und Rindensubstanz die gleiche wie auf dem Hauptschnitt, d. h., der Rindenmantel umgibt auch hier in gleichmäßiger Dicke das Mark. Das Nierenbecken steigt dorsal und ventral, oral und caudal an der Papille ungefähr gleich hoch zu deren Basis empor. Anders ist es bei den großen Känguruharten (Owen sagt: bei den großen, herbivoren Beutlern), bei denen die Papille an ihrer dorsalen und ventralen Fläche eine Reihe (gewöhnlich 4—5) Seitenwülste trägt, die etwa mit in der Achse halbierten Kegeln zu vergleichen sind, deren Spitzen nach der Papillenspitze hin gerichtet sind, ebenso wie die zwischen ihnen entstehenden Furchen. Diesen Auswüchsen der Papille entsprechen seitwärtige Ausstülpungen, Zipfel des Beckens, die in die Nischen oder Furchen zwischen je zwei solchen seitlichen Wülsten hineinragen, und die man daher auf einem zum Hauptschnitt an angegebener Weise parallel gelegten Schnitt durchschneidet. Auf diesem Schnitte sieht man nun, daß rindenwärts sich die Seitenwülste eine Strecke weit gegen die Peripherie der Niere hin erstrecken, und daß zwischen zwei solche Markwülste Einsenkungen der Rinde zentralwärts einragen, die ersten Andeutungen der Columnae bertini, die in so ausgeprägter Form in der menschlichen Niere vorhanden sind.

Im Gegensatz zu der einfacheren Form der einwarzigen Niere haben wir also hier zwar nur eine Papille, aber keine rein einheitliche Marksubstanz. Wie schon Gegenbaur hervorhebt, treten bereits bei diesem Typus die ersten Andeutungen der Pyramiden des Nierenmarkes auf, zwischen die sich die Columnae bertini einschieben. Auch liegen naturgemäß immer zwischen zwei Markpyramiden, also zwischen den seitlichen peripheriewärts gerichteten Fortsetzungen der Papillenwülste, die seitlichen Ausstülpungen des Nierenbeckens, die auf den zum Hauptschnitt parallelen Schnitten als schmale Spalten erscheinen.

Während ich bei *Phalangista*, wie es auch Hyrtl angibt, ein einfaches Nierenbecken und dementsprechend keine Andeutungen von Columnae oder Pyramiden finde, hat eine nicht zu bestimmende *Didelphys*art, die mir vorliegt, in jeder Niere zwei bis drei deutliche, häutige Beckenausstülpungen, die sich zwischen die angedeuteten Pyramiden hineinschieben. Auch bei *Dasyurus viverrinus* finde ich jederseits drei Pyramiden. Alle Känguruharten, die ich daraufhin untersuchen konnte, weisen einen übereinstimmenden Bau der Niere auf: Eine sehr große, bei *Macropus giganteus* auffallend spitze Papille trägt eine sehr deutliche, bei den großen Arten schon makroskopisch zu sehende Area cribrosa. Auf dem Hauptschnitte macht die Niere durchaus den Eindruck einer rein einfachen Niere, auf Parallelschnitten und bei genauerer Präparation der Beckenwandungen sieht man, daß vom Nierenbecken aus dorsal und ventral je drei bis fünf häutige Äste ausstrahlen, zwischen denen die arkadenförmig dorsal und ventral umgebogenen Ausläufer der Seitenwülste der Papille sichtbar sind (Taf. I, Fig. 7).

Eine eigentümliche Gestaltung des Nierenbeckens und der Marksubstanz zeigt *Phascolomys latifrons* (Taf. I, Fig. 4). Hier ist, wie es auch Hyrtl für *Ph. wombat* angibt, das Becken völlig einfach, die Papille ist sehr flach und in der Längsrichtung der Niere gestreckt, so daß sie fast an die von Echidna erinnert. Legt man einen Parallelschnitt zum Hauptschnitt, so sieht man, daß die Markschicht nicht so einfach und ungeteilt ist, wie man nach dem Befunde am Nierenbecken erwarten sollte. Sie ist in vier pyramidenartige Bestandteile zerlegt, die aber hier naturgemäß nicht durch Beckenausstülpungen voneinander getrennt sind, vielmehr durch Blutgefäße, die vom Hilus aus dorsal und ventral vom Nierenbecken ziehen und nur in der Nierensubstanz, zunächst im Mark, sich verzweigen. Auch da, wo Beckenausstülpungen vorhanden sind, schließen sich die großen Gefäßbahnen, Arterien wie Venen, deren Verzweigung an, so daß auch hier außer den Beckenzweigen auch noch die Gefäßstämme, und zwar als deren Fortsetzungen in peripherer Richtung zwischen den einzelnen Pyramiden, oder deren Andeutungen finden. Wir dürfen daher mit Gegenbaur wohl mit Recht annehmen, daß phylogenetisch der bei *Phascolomys* zum Ausdruck kommende Zustand ein Vorstadium des bei Didelphys und den Känguruharten bestehenden darstellt.

Die äußere Form der Niere bei Beutlern weist Charaktere auf, die allgemeine Verbreitung zu besitzen scheinen. Als solche sind zu nennen: 1. die Niere ist am caudalen Pol dicker und breiter als am oralen, 2. die äußere Nierenkapsel umfaßt den unmittelbar aus dem Hilus hervortretenden Teil des Ureters mit, so daß er dem caudalen Nierenpole bei unverletzter Kapsel eng angeheftet ist und ihm bei oberflächlichem Hinsehen zu entspringen scheint. Im übrigen besitzt bei allen untersuchten Beutlern die Niere einen deutlichen Hilus; Asymmetrien in ihrer Form finden sich nur in ganz unbedeutendem Maße bei *Didelphys* und *Phascolomys*.

Auf Besonderheiten in der Lage der Nieren weist Owen hin. Er gibt an, daß bei den herbivoren Beutlern beide Nieren gleichweit vom oberen Schambeinrande entfernt sind, daß dagegen beim *Koala*, sowie bei zwei *Dasyurus*arten die rechte Niere ein nicht unbeträchtliches Stück weiter kopfwärts liegt als die linke. Ich kann diesen Befund bestätigen, nur finde ich bei *Halmaturus thetidis* sogar die linke Niere ein wenig weiter kopfwärts verschoben als die rechte. Das ist bei Beutlern wie bei Monodelphen immer das seltenere Vorkommnis, während höhere (mehr craniale) Lage der rechten Niere sich nicht selten findet.

Owen gibt ferner noch an, daß er bei *Dasyurus macrurus* und *D. viverrinus*, also bei carnivoren Beutlern, einige Zweige der Nierenvenen auf der Nierenoberfläche verteilt vorgefunden habe, „but not in the same proportion or with the beautiful arborescent disposition characteristic of the Kidneys of the Cats, Suricates and Hyaena".

Ich finde bei *Dasyurus viverrinus* die Nierenoberfläche im Gegensatz zu der der anderen Beutler etwas rauh und höckerig, mit unregelmäßigen, seichten Furchen, in der aber keine Gefäße zu sehen sind, was vielleicht darauf zu schieben ist, daß an dem vorliegenden Präparat die innere Nierenkapsel abgezogen ist.

Charakteristisch ist also, wenn wir es kurz zusammenfassen, für die Beutlerniere das Vorhandensein nur einer Warze im Inneren; Mark und Rinde sind deutlich getrennt, insbesondere tritt zwischen beiden eine scharfe Grenzzone auf. Pyramiden können angedeutet sein, sowohl bei einfachem Nierenbecken als auch bei solchem mit seitlichen Ausstülpungen, im ersteren Falle nur durch Blutgefäße voneinander geschieden. Die Oberfläche ist meist glatt, der caudale Pol dicker und breiter als der orale, der Ureter ist durch die äußere Kapsel am caudalen Pol befestigt.

Edentaten.

Literatur: Rapp, (94) Tübingen 1852. Hyrtl, (51) Gürteltiere, *Manis tridactyla*, Faultier.

Untersuchtes Material: *Dasypus villosus* Desm. v. L., *Bradypus tridactylus*.

Die Nieren von *Dasypus villosus* zeichnen sich, wie dies auch bereits Rapp für die Gürteltiere hervorhebt, durch dicke, gedrungene Gestalt aus. Ich finde bei Dasypus villosus (erwachsenes Exemplar, isolierte Nieren) auf dem Hauptschnitte (Taf. I, Fig. 8) eine außerordentlich scharfe Scheidung zwischen Mark und Rindensubstanz mit deutlicher Markierung einer Grenzzone. Die Marksubstanz ist hell, scharf markiert, alle Kanälchen sammeln sich in einer sehr deutlichen, schon makroskopisch sichtbaren Area cribrosa, die auf der Spitze einer sehr großen, stumpf kegelförmigen Papille liegt. An der Basis der Papille, und zwar oral und caudal von ihr, liegt je ein kleiner, papillenartiger Vorsprung der Marksubstanz, der zwar keine Area trägt, der aber doch den Eindruck einer kleinen Nebenpapille macht. Diesen beiden kleinen Nebenpapillen entsprechen Aussackungen des Nierenbeckens.

Auf Nebenschnitten zeigt sich, daß diese Niere trotz ihrer Einwarzigkeit nicht den einfachsten Typus mit unverzweigtem Becken und ungeteilter Mark- und Rindensubstanz besitzt, sondern es finden sich zwei bis drei deutliche, häutige Ausstülpungen des Beckens, die sich zwischen drei bis vier Pyramiden der Marksubstanz einschieben. Culumnae bertini sind vorhanden, aber nicht sehr stark entwickelt. Wir haben somit hier bei Dasypus denselben Nierentypus wie bei größeren Beuteltieren.

Die Oberfläche der Niere ist, wie bei allen Edentaten, völlig glatt, worauf bereits Rapp hinweist. Er bringt diese Glätte und Einfachheit der Oberfläche in Beziehung zum Vorhandensein nur einer Papille, was an und für sich nicht unbedingt damit vereinigt zu sein braucht. Ich finde beide Nieren in Gestalt und Lage symmetrisch, die Länge beträgt 37, die Breite 22, die Dicke 27 mm. Die Rinde ist 10 mm dick, wovon 5 mm auf die Grenzzone kommen.

Bei *Bradypus tridactylus* ist ebenfalls die Nierenoberfläche völlig glatt, und die Gestalt des Organes ist kurz oval. Von einer Bohnenform im eigentlichen Sinne kann hier kaum die Rede sein, da an der Stelle des Hilus, wie Rapp schon hervorhebt, kaum eine Einziehung liegt, die, wie Hyrtl betont, etwas ventral verschoben ist. An dem mir vorliegenden Exemplar (erwachsenes Weibchen) sind die Nieren symmetrisch, die Länge beträgt 16, die Breite 10, die Dicke 8 mm. Das Nierenbecken ist einfach, ohne alle Äste, dementsprechend ist auch die Marksubstanz ohne Pyramiden, die Niere ohne Columnae bertini. Wir haben es also hier mit dem einfachsten Nierentypus zu tun.

Nach Hyrtl besitzt *Orycteropus capensis* ein Nierenbecken, das dem von *Dasypus* ähnelt, doch sind hier sechs Beckenausstülpungen und ebensoviel Papillenwülste vorhanden.

Für *Myrmecophaga didactyla* wird von Hyrtl die Zahl der Nebenpapillen auf fünf, für *Dasypus novemcinctus* auf sechs angegeben. Hyrtl weist bei Besprechung der Edentatenniere besonders darauf hin, wie leicht falsche Vorstellungen durch die Betrachtung nur eines Nierenschnittes hervorgerufen werden können.

Bei dem geringen vorliegenden Vergleichungsmaterial von Edentatennieren ist es nicht möglich, ein abschließendes Urteil über ihren Aufbau auszusprechen. Das eine aber kann gesagt werden, daß die bisher bekannten Nieren von Angehörigen dieser Ordnung sämtlich einen einfachen Bau aufweisen, insofern, als sie nur eine Papille besitzen. In der Mehrzahl der Fälle entspricht aber dieser Papille nicht ein ungeteiltes Becken, sondern, wie bei den großen Beutlern ein solches mit seitlichen Ausstülpungen, entsprechend der Anwesenheit von Pyramiden. Ein höher differenziertes Stadium scheint bei Edentaten nirgends erreicht zu werden. Weitere Daten über diesen Gegenstand müssen sehr erwünscht sein.

Insectivora, Galeopithecus, Chiroptera.

Literatur: Dobson, A monograph of the Insectivora. I—III, London 1883—1890. Hyrtl, *Myogale, Erinaceus*.

Untersuchtes Material: *Talpa europaea* L., *Erinaceus europaeus* L., *Centetes ecaudatus* Schreb., *Galeopithecus volans* L., *Pteropus edulis* E. Geoff

Alle untersuchten Edentaten weisen den gleichen Bau der Niere auf, nämlich den der einwarzigen Niere mit kleinen Nebenpapillen und Beckenausstülpungen. Besonders groß und schön ausgeprägt, mit ihrer sehr spitzen Prominenz bis in den Ureter hineinragend, ist die Papille von *Centetes ecaudatus* (Taf. I, Fig. 11).

Auch *Galeopithecus* weist die einwarzige Form der Niere auf, doch sind die mir vorliegenden Präparate, die ganzen in Arak konservierten Tieren entnommen sind, so weich und durch den Druck der Nachbarorgane so deformiert, daß sich über die Form des normalen Nierenbeckens nichts Genaueres aussagen läßt. Doch läßt sich deutlich an ihnen erkennen, daß die Papille lang und spitz ist und bis in den Ureter hineinreicht (Taf. I, Fig. 14).

Bei Chiropteren fand Hyrtl (*Pteropus edwardsi* und *P. keraudeni*)

den gleichen Typus der Niere wie bei den Insectivoren, eine Papille mit
bis in den Ureter ragender Spitze und schwach ausgebildete Nebenwarzen,
die wohl in allen diesen Fällen durch den schwachen Grad ihrer Ausbildung einen primitiven Zustand verraten.

Wegen der Übereinstimmung im Bau der Nieren und der Tiere in
diesen drei Ordnungen rechtfertigt sich wohl ihre zusammenfassende Darstellung. Im einzelnen habe ich folgende Maße für die hier besprochenen
Nieren gefunden:

Centetes ecaudatus. Rechts 25:18:14 mm, links 25:14:17 mm, Rinde
3,5 mm.
Erinaceus europaeus. Links 28:14:15 mm, rechts 28:14:19 mm, Rinde
3 mm dick.
Talpa europaea. Rechts 13:6:7 mm, links 12:6:8 mm.
Galeopithecus volans. Beiderseits 31 mm lang. Rinde und Mark nicht
unterscheidbar.
Pteropus edulis. Rechts 18:13:8 mm, links 18:10:11 mm, Rinde
2,5 mm.

Bei allen hierhergehörigen Formen sind die Pyramiden, die auf Nebenschnitten zu sehen sind, nicht eben deutlich ausgebildet. Die Beckenverzweigungen, die sie trennen, sind deutlich bei *Erinaceus europaeus*,
dagegen kaum angedeutet bei *Centetes ecaudatus*, wo sich aber trotzdem,
durch Blutgefäße voneinander getrennt, jederseits zwei bis drei Pyramiden
finden. Auch bei *Talpa* sind die Pyramiden nur undeutlich entwickelt.
Ebenso verhält sich die Niere von *Pteropus edulis*, bei der nur sehr undeutlich zwei bis drei Pyramiden zu sehen sind, allerdings an einem alten,
in Spiritus konservierten und daher ungünstigen Präparat.

So zeigt sich, daß bei den Insectivoren *Pteropus* und *Galeopithecus*
ein ähnliches Verhalten des Nierentypus besteht, wie bei den Beutlern
und Edentaten: Grundform ist die einwarzige Niere, die aber hier nicht
in der einfachsten Form, mit gänzlich unverzweigtem Becken, sondern immer
mit, allerdings manchmal nur angedeuteter Beckenausstülpung und mit
ebenfalls häufig nur angedeuteten und undeutlich voneinander getrennten
Markpyramiden vorkommt. Bei *Erinaceus* ist der Typus, wie er etwa bei
den Känguruhs unter den Marsupialiern auftritt, erreicht. Eine wesentliche Neuerung gegenüber der Beutlerniere tritt nicht auf.

Rodentia.

Literatur: Hyrtl (51), *Fiber zibethicus, Hystrix cristata, Lepus timidus,
Lagomys, Erethizon dorsatus.*

Untersuchtes Material: *Sciurus sp., Cricetus cricetus* L., *Myopotamus
coypus, Cavia porcellus* L., *Hydrochoerus capybara* Erxl., *Coelogenys paca* L.,
Hystrix cristata L., *Erethizon dorsatus* L., *Atherura africana* Gray, *Lagostomus trichodactylus* Brookes, *Alactaga iaculus* Schreb., *Loncheres crista-
tus* Desm., *Castor fiber* L., *Lepus cuniculus* L., *Lepus europaeus* L. Hyrtl

gibt an, bei den Nagetieren beständen drei Typen des Nierenbeckens: ein ganz einfaches Becken ohne seitliche Ausstülpungen, ein solches mit blattartigen Ausbuchtungen und endlich eine Übergangsform zwischen beiden. Zur ersten Form rechnet er die Nieren von *Fiber zibethicus* und *Hystrix cristata*, zum zweiten die von *Lepus* und *Lagomys*, den Übergangstyp zwischen beiden soll das Nierenbecken von *Erethizon dorsatus* bilden.

Alle diese Typen würden dem bereits bei den vorangehenden Säugerordnungen geschilderten mit einer Papille mit oder ohne Nebenwülste und dementsprechend entweder mit oder ohne seitliche Beckenverzweigungen entsprechen. Die Niere von *Lepus cuniculus* wird ja in der Literatur sehr häufig geradezu als der Typus der einwarzigen Niere hingestellt.

Wenn aber auch dieser Typus als der auch bei den Nagern, wie bei allen alten Säugetierordnungen, verbreitetste betrachtet werden kann, so ist er für diese Ordnung doch nicht der allein geltende, wie er es etwa für Beutler und Insectivoren war. Vielmehr finden wir bei den Nagern zum ersten Male noch zwei andere Nierentypen, die uns auch später noch in anderen Ordnungen, wenn auch zum Teil in modifizierter Form, wieder begegnen werden.

Dem von Hyrtl geschilderten Typus schließen sich von den von mir untersuchten Nagern auch die Gattungen: *Sciurus, Cavia, Alactaga, Hystrix, Erethizon, Lagostomus* und *Loncheres* an. Bei ihnen allen ist eine deutliche Papille vorhanden, die in den meisten Fällen Seitenwülste besitzt, denen wieder eine Teilung des Markes in Pyramiden entspricht.

Im einzelnen ergeben sich für die Nieren der simplicidentaten Nager folgende Maße:

	Name	Rechts			Links			Pyramiden	Papille?
		Länge	Dicke	Breite	Länge	Dicke	Breite		
1	Sciurus sp.	20	8	10	symmetrisch			5	1 Papille
2	Cricetus frumentarius	22	10	14	20	10	14	—	1 ,,
3	Myopotamus coypus	50	23	27	48	22	34	4	Leiste
4	Cavia cobaya	25	11	14	symmetrisch			4	1 Papille
5	Hydrochoerus capybara	125	30	40	,,			—	Recessus
6	Coelogenys paca	62	22	25	63	22	25		,,
7	Hystrix cristata	55	25	31	symmetrisch			schwach	1 Papille
8	Erethizon dorsatus	43	29	29	41	30	30	4	1 ,,
9	Atherura africana	44,5	22	25	45	19	27	...	Leiste
10	Lagostomus trichodactylus	31	19	21	symmetrisch			5	1 Papille
11	Alactaga iaculus	18	8	10	,,			4	1 ,,
12	Loncheres cristatus	20	10	12	,,			4	1 ,,
13	Castor fiber	80	31	52	85	22	58	—	Recessus

Einen wesentlich abweichenden und wegen seiner weiten Verbreitung in anderen Ordnungen hier etwas eingehender zu besprechenden Typus der Niere besitzt *Myopotamus coypus*. Es ist dies ein Typus, der von Gegenbaur dem der einwarzigen Niere energisch als von ihm prinzipiell verschieden gegenübergestellt wurde. Hier ragt in das Nierenbecken nicht eine konische Erhabenheit, die Papille, vor, sondern ein längerer, mit den Mündungen der Bellinischen Röhrchen besetzter craninocaudal verlaufender Längswulst, der auf dem Hauptschnitt als gegen das Nierenbecken hin konkav, auf dem Querschnitt jedoch einer Papille ähnlich konvex erscheint. Dieser Wulst wird als „Nierenleiste" bezeichnet, und es sei gleich bemerkt, daß dieser, einer verlängerten und verstrichenen Papille vergleichbare Wulst, soweit bekannt, regelmäßig mit einem Nierenbecken mit seitlichen Ausstülpungen vergesellschaftet ist. Dementsprechend kommt auch die große Längsleiste nicht ohne seitliche arkadenförmige Wülste vor, die naturgemäß an einer langen Leiste im allgemeinen in größerer Zahl angebracht sein können, als an einer kurzen Papille. Besonders deutlich zeigt sich auch an Korrosionspräparaten solcher Leistennieren bei gleichzeitiger Injektion vom Ureter und den Gefäßen aus, wie hier besonders genau der Verlauf der Gefäße eng angepaßt ist der Gestalt des Nierenbeckens — oder auch umgekehrt! — Über die Gegenbaursche Auffassung, daß die Gefäßverteilung der ausschlaggebende Faktor für die Aufteilung der Pyramiden sei, wurde schon weiter oben (S. 19) gesprochen; es wird sich schwer entscheiden lassen, wie weit die stärkere Vascularisation der Niere etwa erst durch deren stärkere Secretionstätigkeit erfordert wurde, die ihrerseits durch kompliziertere Ausgestaltung des Nierenbeckens und seiner Begrenzung erst ermöglicht wurde.

Gegenbaur hält den Unterschied zwischen der einwarzigen und der Leistenniere für bisher zu wenig betont, er gibt an, daß beide Zustände meist miteinander zusammengeworfen seien. Wir werden aus späteren Befunden an Carnivoren sehen, daß man im Gegenteil mit einer zu scharfen Trennung beider Bildungen vorsichtig sein muß. Gegenbaur läßt auch die Möglichkeit der Abstammung der Leiste von einer verkürzten (von der Spitze zur Basis, also einer abgeplatteten) Papille (in craniocaudaler Richtung würde sie im Gegenteil gestreckt sein) zu. Jedenfalls bedeutet die Umwandlung der Leiste zur Papille einen zweifellosen Fortschritt in der auf Differenzierung gegründeten phyletischen Entwicklung der Niere.

Einen dritten, von den beiden bisher besprochenen scharf unterschiedenen Typus besitzen unter den von mir untersuchten Nagern *Hydrochoerus capybara*, *Coelogenys paca* und außerdem *Castor fiber*, und zwar stellt die Niere des Bibers im Gegensatz zu den beiden ersten wieder einen eigenen Untertypus dar.

Der Nierentypus, um den es sich hier handelt, kann als der Typus der Recessusniere bezeichnet werden. Seine Eigentümlichkeiten sind in folgendem begründet: Der Ureter kann eine eigentliche Beckenerweiterung im Sinus renis bilden, braucht dies aber nicht zu tun, vielmehr kann er auch unerweitert in diesen eintreten. Das Charakteristische des Typus ist, daß vom Ureter aus in das Nierenparenchym hinein zwei oder mehr relativ weite und lange Gänge ausstrahlen, die als Recessus terminales, Tubi maximi bezeichnet werden, die ringsum von Marksubstanz umgeben sind, und in die die Tubuli belliniani direkt von allen Seiten her einmünden. Es fallen also bei diesem Nierentypus alle Papillen- oder Leistenbildungen, damit auch jede Konzentration der Mündungen der Harnkanälchen auf einer Area cribrosa fort. Von den Tubi maximi können noch einige weite Äste ausstrahlen, sie können gleich vom Sinus renis an verzweigt sein, oder es kann nach jedem Nierenpole hin — diese Anordnung findet sich öfters — je ein großer, weiter Recessus ziehen.

Dieser letztgenannte Nierentypus, mit zwei Recessus, findet sich, verbunden mit auffälliger Streckung der gesamten Niere, bei *Hydrochoerus* und *Coelogenys* unter den Hystricomorphen. Ganz besonders auffallend ist die Streckung der Niere bei *Hydrochoerus capybara*, von welcher Form mir zwei Urogenitalsysteme vorliegen. Während die Länge der Niere 125 mm beträgt, ist sie nur 40 mm breit und 30 mm dick. Dabei ist die Niere dorsoventral stark abgeplattet, und die laterale, dorsale Kante ist sehr scharf ausgeprägt, von einigen seichten Querfurchen unterbrochen. Der Hilus liegt, etwas ventral gerückt, in der Mitte der medialen, stumpfen Nierenkante. (Taf. I, Fig. 18.)

Bei *Coelogenys paca*, von der mir gleichfalls zwei Urogenitalsysteme vorliegen, ist die Streckung der Niere nicht ganz so extrem ausgebildet, überschreitet aber doch auch hier weit das, was man bei Nagern zu sehen gewohnt ist. Die Länge beträgt 62—63 mm, die Breite 25 und die Dicke 22 mm. Auf dem Hauptschnitt (Taf. I, Fig. 17) zeigt sich die gleiche Struktur von Rinde und Mark, sowie auch die gleiche Verzweigung des Ureters in Recessus terminales wie bei *Hydrochoerus*.

Diese Übereinstimmung im Bau der Nieren zweier so nahe verwandter Formen wie *Hydrochoerus* und *Coelogenys* erscheint naturgemäß nicht überraschend; um so befremdender muß es anmuten, daß wir bei anderen südamerikanischen Hufpfötlern wie *Cavia* und *Dasyprocta* total abweichende Nieren, die nach dem gewöhnlichen einwarzigen Typus gebaut sind, haben. Wir treffen hier auf eine Erscheinung, die uns so häufig begegnet: kleine Säugetiere neigen im Bau ihrer Niere mehr zum einfachen, wenig differenzierten Verhalten. Es wäre von Interesse, über den Bau der Niere von *Dolichotis patagonica* etwas zu erfahren, mir liegt leider kein Material von dieser Spezies vor.

Von Interesse scheint mir der Befund bei *Atherura africana* deshalb zu sein, weil bei diesem Hystricomorphen ein Nierentypus vorliegt, den man zwar dem der Leistenniere wird zurechnen müssen; doch ist das Becken so eng und in so feine Ausläufer nach den beiden Nierenpolen hin ausgezogen, daß an Recessus erinnert wird. Dieser Fall scheint mir dafür zu sprechen, daß die bei wenigen Nagern so isoliert auftretenden Recessusbildungen von verengten Beckenformen bei Vorhandensein einer Leiste abzuleiten sein dürften. Auch bei anderen Recessusnieren (Pferd) sind noch letzte Andeutungen einer Leiste erkennbar.

Auf größere Schwierigkeiten stößt der Versuch, den Bau der Niere von Castor fiber auf einen bekannten Typus zurückzuführen. Auch hier handelt es sich um eine Form, die man nicht anders als Recessusniere nennen kann. Doch ist die Art der Recessusbildung wesentlich anders als bei *Hydrochoerus*, *Coelogenys* und auch anders als bei den Perissodactylen.

Die mir vorliegenden Nieren entstammen einem erwachsenen, männlichen Elbbiber, der im hiesigen zoologischen Institut von mir seziert wurde. Das Urogenitalsystem wurde als Schaupräparat im Museum aufgestellt, und es konnten daher durch die Nieren im Interesse der Aufstellung nur wenige orientierende Schnitte gelegt werden. Fig. 19, Taf. I. stellt einen Hauptschnitt durch die Niere dar.

Die Niere des Bibers zeichnet sich durch sehr gedrungenen Bau und große Dicke aus. Die Nieren sind etwas unsymmetrisch, da die linke kompakter als die rechte gebaut ist. Der Hilus ist auffallend weit ventral gelegen, so daß die Anlegung des „Hauptschnittes" auf einige Schwierigkeiten stößt. Die Maße betragen rechts 80:52:31 mm, links 85:58:22 mm. Die Oberfläche ist unregelmäßig und leicht höckerig.

Auf dem Hauptschnitt und in anderen zu diesem parallelen Ebenen sieht man, daß von einem eigentlichen Nierenbecken nicht die Rede sein kann. Hier ist statt seiner ein System von relativ sehr engen Kanälen vorhanden, das bis in die Peripherie der Niere sich erstreckt. Wohl ist auch hier am caudalen und oralen Pol der Niere je ein weiterer Hauptrecessus vorhanden, aber es geht von ihnen je ein Büschel von Nebengängen aus, so daß nicht zwei eigentliche Recessus terminales vorhanden sind. Wenn somit also zwar ein beträchtlicher Unterschied gegenüber den anderen Recessusnieren besteht, so dürfte es doch schwer sein, sie in einer anderen Kategorie von Nieren unterzubringen, da die Unterschiede allen Nierenformen mit Becken gegenüber viel bedeutender sind. Jedenfalls kann die Niere des Bibers bis jetzt als eine innerhalb der Ordnung der Nager isoliert stehende Form betrachtet werden.

Wenn wir die bisher besprochenen Nierenformen, wie sie bei simplicidentaten Nagern auftreten, betrachten, so finden wir weder eine allgemeine Einheitlichkeit in der Form, noch auch nur eine solche innerhalb der einzelnen unter sich verwandten Gruppen. Es sei nochmals auf die isoliert stehenden Formen der Nieren von *Castor*, ferner die unter sich übereinstimmenden von *Hydrochoerus* und *Coelogenys* hingewiesen. Wir finden eine weit größere Differenzierung der Niere der Nager, als es Hyrtl aus seinen Korrosionspräparaten schließen konnte, da ihm die meisten abweichenden Formen nicht bekannt waren. Aber auch für die Nager können wir das sagen, was auch für die bisher besprochenen Säugetierordnungen galt, daß nämlich auch hier der gemeinsame Ausgangspunkt für alle noch so verschiedenen Formen in der **einwarzigen Niere** zu suchen ist. Selten sind bei den Nagern ganz einfache, unverzweigte Nierenbecken, häufig solche mit Ausbuchtungen, von dieser Form läßt sich unschwer die **Leistenniere** und von dieser, allerdings unter größeren Schwierigkeiten, die **Recessusniere** ableiten.

Die kleine Gruppe der duplicidentaten Nager, die der großen Menge aller übrigen gegenübersteht, zeigt uns die Richtigkeit der eben dargelegten Auffassung. Bei *Lepus* (untersucht wurden *L. europaeus* und *L. cuniculus*) sowie nach Hyrtl, der für *Lepus* das Ergebnis bestätigt, auch bei *Lagomys* findet sich eine einwarzige Niere mit reichlich ausgebuchtetem Becken, also die Form, die für die nicht in einer ganz besonderen Richtung differenzierten Simplicidentaten als die verbreitetste und als der Ausgangspunkt betrachtet wurde, so daß der Befund an den Nieren das bestätigt, was aus der sonstigen Anatomie der Leporiden hervorgeht: daß sie sich frühzeitig vom großen Stamme der Nager abgezweigt haben müssen.

Vergleichen wir die an den Nagern gewonnenen Resultate mit denen, die die vorher besprochenen Säugerordnungen ergaben, so zeigt sich unter den höher differenzierten Nagern, besonders denen mit sehr bedeutender Körpergröße (*Castor, Hydrochoerus*) eine sehr viel höhere Ausbildung des Niereninnern, als wir es bei den primitiveren Ordnungen jemals antreffen. Aber auch die Leistenniere, die bei ebenfalls recht großen Formen (*Myopotamus*) auftritt, stellt bereits der einwarzigen Form gegenüber einen Fortschritt dar.

So sehen wir zum ersten Male und in äußerst lehrreicher Weise in der Ordnung der Nager Nierenbefunde zusammengedrängt, die uns eine Anzahl von Formen der Säugetiernieren und deren allmähliche Differenzierung aus einfacheren zeigen, und die sonst über verschiedene Ordnungen verstreut sind. Andererseits finden wir unter den *Rodentia* zum letzten Male ein erhebliches Überwiegen der einfachsten Nierenform, während bei den übrigen Säugetierordnungen, die meist Tiere von bedeutenderer Körpergröße umfassen, die komplizierteren Nierenformen das Gewöhnliche bilden.

Für die **äußere Form** der Nagerniere läßt sich kaum eine Übereinstimmung feststellen, höchstens innerhalb der Familien, aber auch da keineswegs immer. Ein Beispiel dafür bildet die Familie der Hystricomorphen, innerhalb deren ein Teil der Caviaden (*Hydrochoerus, Coelogenys*) eine durchaus isolierte Stellung in der Form ihrer Niere einnehmen. Auch über Symmetrie, Lage der Nieren zueinander usw. läßt sich nichts allgemein Gültiges sagen.

Carnivora.

A. Carnivora fissipedia.

Die Ordnung der Carnivoren weist nicht nur in der äußeren Erscheinung ihrer Glieder, sondern auch in deren Organisation im einzelnen eine solche Menge von Differenzierungen auf, daß es nicht wundernehmen kann, auch im Bau der Niere bei den einzelnen Familien der Ordnung eine große Mannigfaltigkeit vorzufinden. Es wird daher zweckmäßig sein, die einzelnen sieben hierhergehörigen Familien zunächst gesondert zu besprechen und erst dann zu versuchen, eine zusammenfassende Übersicht zu geben.

I. Viverridae.

Literatur: Hyrtl (51), *Viverra sp.*, *Herpestes ichneumon*.

Untersuchtes Material: *Viverra zibetha* L., *Paradoxurus hermaphrodyta* Schreb., *Suricata tetradactyla* Schreb., *Nandinia binotata* Reinw., *Genetta tigrina* Schreb., *Herpestes ichneumon* L., *Crossarchus obscurus* F. Cuv.

Die äußere Form der Viverridenniere ist besonders dadurch ausgezeichnet, daß auf der sonst glatten Oberfläche vom Hilus radiär ausstrahlende, ungemein auffällige Gefäßfurchen zur Peripherie ziehen, die sich, wie schon Owen (80) betont, nicht nur bei Viverriden, sondern auch bei Feliden und Hyänen finden (Taf. II, Fig. 1 a). Besonders schön sind sie bei *Crossarchus obscurus* entwickelt. Sie sind, und darauf sei besonders hingewiesen, rein oberflächliche Bildungen, die nichts mit einer Zerlegung der Rindenschicht in bestimmte Territorien oder gar mit einer Sonderung tieferreichender Nierenpartien zu tun haben. Im übrigen bietet die Gestalt der Niere dieser Familie keine besonderen, charakteristischen Merkmale dar. Die immer ausgeprägte „Bohnenform" kann sehr gedrungen sein, wie es bei *Genetta* der Fall ist, sie kann, wie bei *Viverra zibetha*, auch stark gestreckt sein.

Über die Maße der Nieren bei den untersuchten Arten, bei denen sich fast immer eine bemerkenswerte Symmetrie der Nieren beider Körperhälften findet, gibt die folgende Tabelle Aufschluß:

	Name	Rechts			Links		
		Länge	Dicke	Breite	Länge	Dicke	Breite
1	Viverra zibetha	37	13	15	symmetrisch		
2	Paradoxurus hermaphrodyta	27	13	16	—	—	—
3	Suricata tetradactyla	27	14	18	—	—	—
4	Nandinia binotata	33	16	20	—	—	—
5	Genetta tigrina	25	17	21	—	—	—
6	Herpestes ichneumon	32	10	18	25	13	19
7	Crossarchus obscurus	45	20	25	—	—	—

Aus dieser Tabelle geht hervor, daß auch bei *Herpestes ichneumon* die vorhandene Asymmetrie der Nieren sehr gering ist. In den übrigen

A. Die Harnorgane.

Fällen war sie so unbedeutend, daß es sich nur um Bruchteile von Millimetern handelte.

Betrachten wir den inneren Bau der Viverridenniere, so wird es zweckmäßig sein, hier noch vorher kurz darauf hinzuweisen, daß wir in den Viverriden wohl zweifellos die primitivsten, am wenigsten spezialisierten und differenzierten unter den heute lebenden Carnivoren zu erblicken haben, und daß demgemäß auch für die Kenntnis der Nieren gerade die an dieser Familie gewonnenen Ergebnisse besondere Bedeutung für die Beurteilung der Raubtierniere im allgemeinen haben müssen. Bisher hatten wir bei kleinen und undifferenzierten Formen aller Ordnungen die einfachsten Nieren vorgefunden. Auch für die Carnivoren trifft das zu.

So finden wir bei allen hier untersuchten Viverriden nur einwarzige Nieren, und nur in einem Falle, bei *Crossarchus obscurus*, könnte es zweifelhaft sein, ob wir nicht von einer Leistenniere sprechen müssen, da hier eine Art von Übergangsform von der Papille zur Leiste vorliegt. Wenn somit die Papille selbst einfachen Bau aufweist, so handelt es sich doch bei der Viverridenniere immer um eine Niere mit ausgebuchtetem Becken und dementsprechend um die Form, die wir etwa unter den Beutlern bei den Känguruharten antreffen. Die Pyramidenbildung ist hier immer sehr ausgeprägt, die Zahl der Pyramiden einer Nierenhälfte schwankt zwischen 3 und 6. Über das Verhalten der Papille und der Pyramiden im einzelnen gibt folgende Tabelle Aufschluß:

Name der Art	Papille	Leiste	Pyramiden
Suricata tetradactyla	1	—	4
Herpestes ichneumon	1	—	5
„ auropunctata	1	—	4
Paradoxurus hermaphroditа	1	—	3—4
Crossarchus obscurus	Übergang		5—6
Genetta tigrina	1	—	4
Viverra zibetha	1	—	4
Nandinia binotata	1	—	5

Somit ergibt sich im inneren Bau der Niere aller vorliegenden Arten eine fast vollständige Übereinstimmung; nur ist noch zu bemerken, daß die Pyramiden bei dem kleinen *Herpestes auropunctatus* weniger deutlich ausgebildet sind als bei den anderen Arten, daß hier auf der flacheren, dorsalen Hälfte der Niere die einzelnen Markpartien weniger scharf voneinander geschieden und demgemäß die Columnae bertini weniger entwickelt sind. Mithin finden wir in dieser Familie bei allen untersuchten Objekten einen einheitlichen und einfachen Typus der Niere mit verhältnismäßig geringen Abweichungen. Somit entspricht der Befund an den Nieren dieser Gruppe im allgemeinen dem, was im voraus zu erwarten war, ein Typus, wie wir ihn bei kleineren und bei in ihrer ganzen Organisation auf primitiver Stufe stehenden Säugetierformen zu finden gewohnt sind.

Familie Procyonidae.

Literatur: Hyrtl (51), Chievitz (13), *Procyon sp.*, *Nasua sp.*
Untersuchtes Material: *Procyon cancrivorus* G. Cuv., *Nasua narica* L., *Ailurus fulgens* F. Cuv.

Die Niere der wenigen untersuchten Arten von Procyoniden zeigt gegenüber der der Viverriden einen gewissen Fortschritt, insofern als nur bei *Nasua* eine Papille von ausgeprägter, spitzer Form vorkommt, während bei *Ailurus* und noch mehr bei *Procyon* eine Abflachung der Papille und ein Übergang zur reinen Leistenform zu bemerken ist. Natürlich wäre es verfehlt, aus diesen Befunden an drei Arten irgendwelche weitergehenden Schlüsse ziehen zu wollen, und es wäre erwünscht, daß weitere Gattungen zur Vergleichung herangezogen werden könnten.

Im einzelnen ist folgendes zu bemerken: bei *Nasua narica* besitzt die Niere, wie auch die der beiden anderen Arten, eine völlig glatte Oberfläche. Sie zeigt auf dem Hauptschnitt eine spitze, echte Papille, seitliche Schnitte ergeben die Anwesenheit von vier Pyramiden. Die Rinde zeigt eine Mächtigkeit von 9 mm. Die Maße der Niere betragen: Länge 37 mm, Breite 22 mm, Dicke 20 mm, wobei eine völlige Symmetrie der Nieren beider Körperseiten festzustellen ist.

Ailurus fulgens zeigt auf dem Hauptschnitt durch die Niere eine stumpfe, leistenartig gestreckte Papille, die indessen noch nicht den Namen einer eigentlichen Leiste verdient. Auch hier finden sich vier Nierenpyramiden jederseits mit Andeutung einer fünften. Die Rindendicke beträgt 4—5 mm. Die Maße der Nieren sind hier auf beiden Körperseiten ungleich. Die rechte Niere ist stumpfer und dicker als die linke, die genauen Zahlen sind folgende:

	Länge	Breite	Dicke
links	46	28	18
rechts	41	28	22

Bei *Procyon cancrivorus* (Taf. II, Fig. 5) endlich ist zweifellos eine eigentliche Leiste vorhanden, die jederseits in vier Seitenpapillen ausstrahlt. Die Dicke der Nierenrinde beträgt 12 mm, wovon 5 mm auf die äußere Rindenschicht entfallen. Auch bei dieser Spezies ist eine geringe Asymmetrie der Nieren vorhanden, die sich am besten bei einer Vergleichung der Nierenmaße zeigt:

	Länge	Breite	Dicke
rechts	48	30	23
links	50	32	28

Es ist also hier die linke Niere in allen Dimensionen größer als die rechte, wesentliche Formverschiedenheiten sind aber nicht vorhanden.

Familie Hyaenidae (Taf. II, Fig. 2).

Untersuchtes Material *Hyaena crocuta* Erxleb.

Die Niere der gefleckten Hyäne, der einzigen Art, die mir zur Untersuchung vorliegt (Literaturangaben sind mir nicht bekannt), ist groß, ziemlich glatt, dick bohnenförmig und auf der Oberfläche wie die der Katzen und Viverren mit Gefäßeindrücken versehen, die aber keine irgendwie tiefergehende Lappung bedingen. Auch bei *Hyaena crocuta* sind die Nieren beider Körperhälften nicht genau gleich groß, obwohl die Unterschiede in den Maßen nicht bedeutend sind:

	Länge	Breite	Dicke
rechts	84	54	36
links	82	50	36

Es besteht also in Länge und Breite ein Überwiegen der rechten Niere, während bei *Procyon* das gleiche für die linke festgestellt worden war.

Legt man durch die Niere den Hauptschnitt, so zeigt sich sofort, daß es sich hier um eine deutlich ausgeprägte Leistenniere handelt, bei der alle Eigenarten dieses Nierentypus besonders klar hervortreten. Die Rinde ist hier aus ganz auffallend vielen Schichten aufgebaut, die sich (am Formolpräparat) durch verschiedene Färbung deutlich voneinander abheben. Es folgen aufeinander eine helle, eine grauschwarze, dann wieder eine ganz schmale helle Zone, die wenig scharf gegen eine vierte dunklere Zone abgesetzt ist. Diese innersten Schichten der Rinde zeigen bereits eine Teilnahme an der Ausgestaltung der Oberfläche der äußersten Lage der Markschicht; entsprechend dem Auftreten größerer Gefäßlumina ist bereits hier auf dem Hauptschnitt das Vorhandensein von 8 Pyramiden undeutlich erkennbar, deren Basis jedesmal von einer nach außen konvexen Kappe der innersten Rindenschicht bedeckt ist (Taf. II, Fig. 2a). Außerordentlich dick (20 mm) ist die Markschicht, die gegen das Becken hin in die Leiste übergeht. Diese Leiste ist gestreckt, aber gegen das Lumen des Nierenbeckens hin ganz leicht konvex vorgewölbt, so daß man also die Leiste mit einer außerordentlich stark in die Länge gezogenen Papille vergleichen könnte.

Auf Schnitten, die parallel zum Hauptschnitt gelegt werden, fällt die große Zahl der Pyramiden (8) auf, die durch seitlich ausstrahlende, auf dem Schnitt schlitzförmige Fortsetzungen des Beckenlumens voneinander getrennt werden (Taf. II, Fig. 2a).

Naturgemäß sind die einzelnen Pyramiden jetzt sehr viel deutlicher zu erkennen als auf dem Hauptschnitt, auch lassen sich die zwischen ihnen gelagerten Gefäße in ihrem Laufe nun sehr viel besser verfolgen. Die Rinde weist auf diesen Seitenschnitten allerdings eine wesentlich geringere Mächtigkeit auf als auf dem Hauptschnitt.

Während wir bei den Nieren der Viverriden und Procyoniden, also durchweg kleiner bis höchstens mittelgroßer Säugetierformen, immer primitive Zustände erblicken müssen, die sich in der geringen Differenzierung der Papille, Rinde und Pyramiden äußern, tritt uns hier bei der sehr viel größeren Hyäne eine wesentlich kompliziertere Niere entgegen. Wir können sagen, daß der Typus der Leistenniere mit seitlich verzweigtem Becken und scharf gesonderten Pyramiden bei *Hyaena* einen Ausbildungsgrad erreicht hat, wie er auch bei andern Säugetieren, die diese Nierenform aufweisen, nicht mehr übertroffen wird. Gleichzeitig ist dies Beispiel wieder ein Beweis für die Behauptung, daß mit der zunehmenden Körpergröße einer Säugetierspezies auch eine höhere Ausbildung der Niere gegenüber kleineren Formen statthat, allerdings aus uns nicht bekannten Gründen.

Familie Felidae.

Literatur: Milne-Edwards (73), Hyrtl (51), Owen (80), Ellenberger und Baum (22).

Untersuchtes Material: *Lynchus berberorum, Felis leo, F. tigris.*

In der Literatur wird verschiedentlich auf eine Besonderheit der Oberfläche der Katzenniere hingewiesen, die diese mit der der Viverriden teilt, auf die Gefäßfurchen, die Milne-Edwards als eine Art Vorläufer tieferer, eine Lappung der Niere bedingender Sulci betrachtet. Über den inneren Bau der Felidenniere finden wir besonders Angaben bei Hyrtl.

Die Haus- und Wildkatze (*F. catus ferus et domesticus*), also relativ kleine Mitglieder der Katzenfamilie, besitzen eine spitze, weit ins Nierenbeckenlumen hineinragende Papille, die aber, wie wir es schon bei größeren Beutlern kennen gelernt haben, seitlich in arkadenartige Wülste übergeht. Dementsprechend erstreckt sich auch das Becken in seitlichen Ausstülpungen zwischen diese Wülste hinein (vergl. Ellenberger und Baum).

Man kann sagen, daß dieser einfachste Typus der Felidenniere auch bei den größten Katzenarten nur wenig modifiziert werde. Er erreicht jedenfalls niemals den hohen Grad der Differenzierung, wie ihn etwa die Hyänenniere gegenüber der Viverridenniere aufweist. Immerhin lassen sich aber auch innerhalb dieser Familie Veränderungen und Fortschritte feststellen.

Die Niere des Berberluchses (*Lynchus berberinus*) ist nach dem gleichen Typus gebaut wie die der kleineren Katzenarten, d. h. sie besitzt eine deutliche Papille, die von seitlichen, quer zu ihr verlaufenden Wülsten begleitet ist, die von Beckenausstülpungen getrennt werden.

Die Papille der Luchsniere unterscheidet sich aber von der der kleinen Katzen dadurch, daß sie wesentlich stumpfer ist, mehr leistenähnlich in die Länge gezogen. Die Zahl der seitlichen Pyramiden beträgt 6. Die ganze Niere ist stumpf, dick, die beiden Seiten sind fast

A. Die Harnorgane. 33

ganz symmetrisch. Die Länge beträgt 45, die Breite 32, die Dicke 27 mm. Die Oberfläche ist glatt bis auf die deutlichen Gefäßfurchen. Besonders interessant ist eine Vergleichung der Nieren ber beiden größten Katzenarten, des Löwen und des Tigers. Von *Felis leo* (Taf. II, Fig. 3) liegt mir das Urogenitalsystem eines erwachsenen Männchens vor. Die Nieren zeigen hier ganz besonders schön die durch die Gefäßfurchen bedingte Felderung ihrer Oberfläche. Sie sind dick, stumpf bohnenförmig, symmetrisch gestaltet. Die Maße sind: Länge 90, Breite 65, Dicke 63 mm. Auf dem Hauptschnitt zeigt sich, daß die Dicke der Rinde 28 mm, die der äußeren Rindenschicht 10 mm beträgt. Die Marksubstanz springt gegen das Lumen des Nierenbeckens als ausgeprägte Papille vor, die, wie bei Lynchus, allerdings stark abgestumpft ist, aber ihren Namen mit Sicherheit verdient.

Die Nieren von *Felis tigris*, deren injiziertes Becken von Hyrtl beschrieben worden ist (Taf. II, Fig. 4), liegen mir in zwei herauspräparierten Exemplaren vor, so daß ich nicht imstande bin, anzugeben, welches die rechte, und welches die linke Niere ist. Die ganze Gestalt der Niere ist der der Löwenniere ähnlich, die Anordnung der Gefäßfurchen stimmt fast überein. Aber es sind auch Unterschiede vorhanden. So ist die Tigerniere bedeutender abgeflacht, weniger kugelig als die des Löwen, außerdem herrscht eine immerhin beträchtliche Asymmetrie, die aus folgenden Maßen hervorgeht:

Länge	Breite	Dicke
125	85	57
105	80	45

Der größte Unterschied tritt aber auf dem Hauptschnitt hervor: Es zeigt sich, daß hier keine Papille, sondern eine ganz ausgesprochene, nach dem Becken hin konkave Leiste vorhanden ist, so daß wir bei zwei ungefähr gleichgroßen Katzenarten in diesem Punkte eine wesentliche Abweichung feststellen können. Dieser Fall ist geeignet, zu zeigen, wie nahe die beiden Formen der höher entwickelten Papillenniere und der Leistenniere sich berühren, und wie auf die Ausbildung des Organs hin nach der einen oder anderen Richtung jedenfalls keine Charakteristica von irgendeiner systematischen Bedeutung gegründet werden können.

Die Niere des Tigers zeigt auf Nebenschnitten 6 Pyramiden, die durch Beckenverzweigungen getrennt werden. Die Rinde ist ca. 22 mm dick. Hyrtl fand bei einer ganzen Reihe von Felidenspezies durchweg das gleiche, hier beschriebene Verhalten der Papille und des Nierenbeckens.

Über die Felidenniere kann also ganz allgemein gesagt werden, daß sie einen einigermaßen einheitlichen Typus darstellt, der ursprünglich dem der einwarzigen Niere mit verzweigtem Becken entspricht, aber zu dem der Leistenniere bei extrem großen Tierformen werden kann.

Familie Canidae.

Untersuchtes Material: *Cuon alpinus* Pall., *Canis familiaris* L., *Canis latrans* Say.

Während wir bei den Katzen nur vereinzelt den Typus der Leistenniere antreffen, stellt er, soweit bekannt, bei den Caniden den allein herrschenden Typus dar. Abgesehen von Verschiedenheiten in den Maßen der Niere, die sich lediglich auf die verschiedene Körpergröße der Tiere zurückführen lassen, herrscht so vollständige Übereinstimmung, daß ich mich auf die Schilderung der Niere einer Spezies beschränken kann.

Bei *Canis latrans* (Taf. II, Fig. 6) sind die Nieren symmetrisch, regelmäßig bohnenförmig, stark gewölbt, ohne die bei Katzen so deutlichen tiefen Venenfurchen der Oberfläche. Die Kapsel zeigt starken Fettgehalt, so wie auch auf dem Hauptschnitt das Becken von größeren Fettmassen ausgefüllt ist. Die Rinde ist 17, ihre äußere Schicht 12 mm dick. Die Marksubstanz bildet eine ausgesprochene, gegen das Becken hin konkave Leiste, von der seitlich je 5 Wülste ausstrahlen, zwischen die in der üblichen Weise die Beckenfortsätze und die größeren Gefäßäste hineinragen.

Den gleichen Bau weisen bei andern Maßen auch die Nieren des Haushundes auf, die mir in einem von einem sehr großen Jagdhunde stammenden Paar (Maße: Länge 120, Breite 58, Dicke 30 mm) und in einem zweiten sehr viel kleineren (57 : 34 : 30 mm) vorliegen. Es besteht daher alle Wahrscheinlichkeit, daß alle Canidennieren als ausgesprochene Leistennieren konstruiert sind, und daß die ihre Vorstufe darstellende Warzenniere hier nicht mehr vorkommt. (Über die Niere des Haushundes s. Ellenberger und Baum [22]).

Familie Mustelidae.

Literatur: Hyrtl (51), *Meles taxus*, *Lutra*.

Untersuchtes Material: *Putorius putorius* L., *Mustela erminea* L., *Gulo luscus* L., *Lutreola lutreola* L., *Meles taxus* Bodd., *Galictis barbara* L., *Lutra lutra* L.

Während unter den Feliden ein einigermaßen und bei den Caniden ein sehr einheitlich umschriebener Nierentypus vorliegt, so daß sich über die Familien jedesmal mehr oder weniger allgemein gültige Angaben machen lassen, ist das bei den Musteliden insofern nicht der Fall, als hier ein einziges Genus, die Gattung *Lutra*, eine absolute Sonderstellung gegenüber allen andern bekannten Formen einnimmt, ohne daß für dies befremdende Verhalten eine plausible biologische Erklärung zu geben wäre.

Auch die andern Genera zeigen keine völlige Einheitlichkeit, doch sind die Unterschiede, wie wir sie hier finden, uns schon wiederholt begegnet: es handelt sich auch hier wieder um das Vorkommen von Warzen- und Leistennieren innerhalb derselben Familie, und zwar finden wir auch hier die einwarzige Niere vorwiegend bei kleineren Tierformen.

So sind es Wiesel- und Iltisnieren, die diesen Typus in reiner Form zeigen. Bei dem großen Wiesel (*Mustela erminea* L. = *Ictis nivalis* L.) finden wir glatte, bohnenförmige Nieren ohne die für Katzen und Viverriden charakteristischen Gefäßfurchen, die — außer *Lutra* — allen Marderarten zu fehlen scheinen. Die äußere Kapsel der Niere ist, wie dies häufig bei Carnivorennieren anzutreffen ist, am caudalen Nierenpol am Ureter befestigt. Die Länge der (symmetrischen) Nieren beträgt 18, die Breite 9, die Dicke 8 mm, die Rinde ist ca. 2 mm dick. Auf dem Hauptschnitt findet man eine scharf ins Becken vorspringende Papille, von der seitlich 6 Wülste ausstrahlen. Somit liegt hier der Typus der einwarzigen Niere mit verzweigtem Becken vor.

Sehr ähnlich gebaut ist die Niere des Iltis, *Putorius putorius*. Die äußere Gestalt der Niere zeigt ähnliche Proportionen, die Maße sind folgende:

	Länge	Breite	Dicke
rechts	25	13	11
links	25	12	11

so daß also nur geringe Abweichungen von einer völligen Symmetrie der Organe beider Körperhälften vorhanden sind. Auf dem Hauptschnitt zeigt sich auch hier eine Papille mit 5 Nebenwülsten, die Dicke der Rinde beträgt 3 mm.

Sehr auffällig und von einem gewissen theoretischen Interesse ist der innere Bau der Niere des Dachses, *Meles taxus*, während ihre äußere Beschaffenheit keinerlei Besonderheiten aufweist. Auch hier ist die Oberfläche glatt, die Maße sind:

	Länge	Breite	Dicke
rechts	45	25	25
links	42	21	20

so daß also hier die rechte Niere die linke in allen Dimensionen beträchtlich an Größe übertrifft. Die Rinde ist 5 mm dick, die Zahl der Pyramiden beträgt 5.

Die bereits angedeutete Besonderheit äußert sich im Bau der Marksubstanz, die hier weder als eine einzige, scharf umschriebene Papille, noch als eigentliche Leiste, sondern gewissermaßen als eine Zwischenform zwischen beiden auftritt. Wir haben hier zwei in der Längsrichtung der Niere, also in der Ebene des Hauptschnittes, unmittelbar hintereinander gelegene, stumpfe, aber deutlich konvex gegen das Nierenbecken vorspringende Papillen, so daß etwa das Bild einer in zwei Warzen zerlegten Leiste hervorgerufen wird. Da, wie wir später sehen werden, Grund zu der Annahme vorhanden ist, daß mehrwarzige Nieren, wie sie bei Suiden und einigen Primaten vorkommen, aus einwarzigen mit dem Umwege über die Leistenniere hinweg entstanden seien, so ist es doppelt interessant, unter den Musteliden, bei denen sonst einwarzige und Leistennieren das Gewöhnliche sind, eine ausgesprochen zweiwarzige Niere anzutreffen, und darin liegt die Bedeutung dieses Falles.

Einige andere Mustelidenformen zeigen deutliche Leistennieren in ähnlicher Ausbildung, wie wir sie bei den Caniden antrafen. Es sind dies die Spezies: *Galictis barbara*, *Gulo luscus* und *Lutreola lutreola*. Sämtliche Nieren besitzen eine glatte Oberfläche und weisen Bohnenform auf. Die Maße sind folgende:

Art	Seite	Länge	Breite	Dicke	Rindendicke
Galictis barbara	rechts	50	20	13	6
,, ,,	links	45	23	15	6
Gulo luscus	rechts	66	28	23	6
,, ,,	links	63	30	22	6
Lutreola lutreola	—	23	10	7	4
,, ,,	—	20	14	5	4

Zu dieser Übersicht wäre höchstens noch zu bemerken, daß die größere Länge der rechten, dagegen die größere Breite der linken Niere in allen drei Fällen auffallend ist, während die Unterschiede in der Dicke nur unwesentlich sind. Die Zahl der Pyramiden schwankt zwischen 5 und 6. Die Leiste ist überall deutlich vorhanden, der Beckenhohlraum ärmer an Fett als bei den Caniden.

All diesen bisher besprochenen Nierenformen verschiedener Musteliden steht nun die des Fischotters, *Lutra lutra L.*, völlig unvermittelt gegenüber (Taf. X, Fig. 7). War für die anderen Mardernieren eine glatte Oberfläche und das Fehlen von Gefäßfurchen charakteristisch, so finden wir hier das völlige Gegenteil. Milne-Edwards (73) charakterisiert die Fischerotterniere mit den Worten: Chez la loutre, chaque rein se compose d'une dizaine de lobes en grappe et réunis sous une enveloppe commune. Dies gemeinschaftliche Umhüllung stellt die äußere Nierenkapsel dar, während die innere die einzelnen Teile der Niere noch überzieht. Präpariert man die äußere Kapsel ab, so tritt einem die Niere als ein gelapptes, einer kleinen Weintraube mit wenigen, aber großen Beeren vergleichbares Gebilde entgegen. Hier ist die Einheitlichkeit des Baues der Niere völlig durchbrochen, und das ganze Organ aufgelöst in ein System von Einzelnieren, von Renculi, deren jede einzelne eine kleine Niere mit Rinde, Mark, Papille und abführendem Hohlraum darstellt. Das Gesamtorgan ist etwa 65 mm lang, 34 mm breit und 30 mm dick. Die Zahl der Renculi beträgt ca. 12 in jeder Niere, ihr Durchmesser ca. 20 mm. Jeder Renculus sitzt einem dünnen Stiele auf, und diese Stiele hängen untereinander dadurch zusammen, daß sie sich zu dem gemeinsamen Ureter der Gesamtniere vereinigen. Wenn man nun durch einen einzelnen Renculus einen Schnitt legt, der die größte Peripherie der Rinde und den Stiel trifft, so bekommt man ein sehr ähnliches Bild, wie es der Hauptschnitt durch eine einfache, einwarzige Niere mit unverzweigtem Becken bietet (Taf. II, Fig. 7a). Eine ca. 3 mm dicke Rinde umgibt eine Markschicht, die in eine auffallend spitze, tief in das Becken hineinragende kleine Papille mit einer richtigen Area cribrosa trägt.

Häufig findet man Renculi, die aus zwei unvollkommen getrennten vereinigt scheinen, zwei Papillen tragen, also einer kleinen, zweiwarzigen Niere entsprechen (Taf. II, Fig. 7b). Die innere Nierenkapsel folgt allen Verzweigungen des Ureters und des Beckens und überzieht alle Renculi so, wie eine glatte, kompakte Niere von ihrer Kapsel umzogen wird.

Der Typus der zusammengesetzten oder Renculiniere wird uns noch öfter begegnen, und zwar bei Säugetierordnungen, die sehr verschiedenen biologischen Bedingungen unterworfen sind. Dadurch scheint von vornherein die Möglichkeit nicht eben groß, eine biologische kausale Erklärung für das Auftreten dieser Nierenform finden zu können. Während wir eine allgemeine theoretische Besprechung der in Betracht kommenden biologischen Momente, die diese auffällige Nierenform verursacht haben könnten, für später verschieben, müssen wir hier der etwaigen Ursachen gedenken, die unter den Mardern gerade Lutra diese Sonderstellung im Bau der Niere verschafft haben könnten. Man hat vielfach das Wasserleben, das ja Lutra unter allen Marderarten am ausgeprägtesten führt, als solche Ursache angenommen, und in der Tat ließe sich außer ihr kaum eine andere auch nur einigermaßen wahrscheinliche anführen; andererseits können wir uns keine Vorstellung davon machen, wie eine aquatile Lebensweise gerade eine solche Auflösung der Niere in Einzelnieren bewirken sollte. Auch muß es auffallen, daß bei einer anderen, gleichfalls stark an das Wasserleben angepaßten Spezies, dem *Nörz*, *Lutreola lutreola*, sich, wie geschildert, keine Spur einer solchen Zerlegung der Niere findet. Wenn daher auch naturgemäß das Wasserleben als Besonderheit von Lutra anderen Musteliden gegenüber in erster Linie ins Auge zu fassen scheint, so fehlt doch jeder Beweis, daß diese Besonderheit auch die des Nierenbaues bedingt.

Was die Frage angeht, ob man im Falle von Lutra eine Zerlegung einer einheitlich gewesenen Niere in mehrere kleine Einzelorgane oder aber ein Aussprossen dieser Einzelnieren aus einer einheitlichen Nierenanlage vor sich habe, so kann die Antwort hierauf selbstverständlich nur durch das Studium der Entwicklungsgeschichte gegeben werden. Die Frage wird uns noch einmal bei der Besprechung der Pinnipedierniere zu beschäftigen haben.

Somit wäre uns hier, innerhalb der sonst leidlich übersichtlichen und einheitlichen Formenreihe der Mustelidenniere, zum ersten Male eine Nierenform begegnet, die häufig da, wo sie unter den Säugetieren auftritt, nur bei kleinen Gruppen vorkommt.

Familie Ursidae.

Literatur: Milne-Edwards (73), Chievitz, Hyrtl (51), Owen (80) (*Ursus arctos*).

Untersuchtes Material: *Ursus isabellinus* Horsf., *Ursus malayanus* Raffles, *Melursus ursinus* Shaw.

Die Niere sämtlicher bekannter Ursiden schließt sich ganz unmittelbar an die hier zuletzt besprochene von *Lutra lutra* an, da es sich auch hier um den Typus der Renculiniere handelt. In dem Bau ihrer Nieren verhält sich also die Familie der Ursiden so einheitlich, wie es sonst wohl nur noch die der Caniden tut. Es ist daher völlig gleichgültig, welche Spezies als Beispiel zur Schilderung des Verhaltens der Niere herangezogen wird. Lediglich der sehr gute Erhaltungszustand der Nieren von *Melursus ursinus* Shaw (= *Ursus labiatus* = *U. longirostris*) veranlaßt mich, gerade diese Art herauszugreifen, und von ihr sind auch die Abbildungen Taf. II, Fig. 8 entnommen.

Die Bärenniere stimmt in allen Hauptpunkten mit der Fischotterniere vollkommen überein. Auch hier wird der ganze Komplex von Renculi, der die Niere zusammensetzt, von einer fetthaltigen gemeinsamen äußeren Kapsel locker umfaßt, während eine innere Kapsel sich hier stark fetthaltig zwischen die Stiele der Renculi hineinerstreckt und als dünne Membran die Oberfläche der Einzelnieren eng überzieht. Ferner liegt ein Moment der Übereinstimmung darin, daß, wie bei der Niere von *Lutra*, häufig zwei Renculi nur unvollständig voneinander getrennt sind, so daß kleine, zweiwarzige Nieren entstehen. Das gesamte System der Renculi, ihr Aufsitzen auf den Verzweigungen des Ureters wie auf Stielen ist ganz wie bei *Lutra* angeordnet. Die Doppelrenculi finden sich am zahlreichsten an der äußeren Kante des Gesamtorganes (s. die Figuren).

Die Maße der Gesamtnieren der drei Spezies sind folgende:

Name der Art	Seite	Länge	Breite	Dicke
Ursus isabellinus	rechte	77	38	35
	linke	78	40	35
Ursus malayanus	—	62	42	22
Melursus ursinus	—	85	45	35

Die Zahl der Renculi betrug bei *Melursus ursinus* an beiden Nieren 23, also etwa doppelt soviel wie bei *Lutra*, und diese größere Zahl der Renculi bildet den Hauptunterschied der Bärenniere von der Otterniere. Von diesen 23 Renculi waren jederseits 4 Doppelrenculi. Bei dieser Spezies sind die Renculi lockerer als bei den anderen miteinander verbunden, auch etwas länger gestielt.

Bei *Ursus isabellinus* waren die einzelnen Renculi ca. 20 mm breit, ihre Rinde war ca. 5 mm dick.

Bei *Ursus malayanus* hängen die einzelnen Renculi fester untereinander zusammen als bei den beiden anderen Arten.

Auf den Schnitten durch einzelne Renculi (s. Fig. 9 b) zeigt sich ein ganz übereinstimmendes Verhalten wie bei Lutra. Auch hier eine spitze Papille (in Doppelrenculi deren zwei), die tief in das kleine Becken des Renculus hineinragt, auch findet sich eine völlig übereinstimmende Anordnung von Mark und Rinde, so daß in allen wesentlichen Punkten die Bären- und Fischotterniere den völlig gleichen Typus darstellt.

Hier kann, außer bei *Ursus maritimus*, von dem mir kein Material vorliegt, von einer aquatilen Lebensweise als Ursache der Nierenteilung ganz gewiß nicht die Rede sein, und gerade die Tatsache, daß bei rein terrestrischen Bärenarten die Renculi in einem sehr vollkommenen Ausbildungsgrade auftreten, erscheint geeignet, der Annahme, daß diese Nierenform ein Produkt des Wasserlebens ihres Trägers sei, viel an Boden zu entziehen. Desto unklarer wird uns dadurch die eigentliche Ursache, die dem Zustandekommen dieser Nierenform zugrunde liegt.

Betrachten wir nun noch einmal kurz die Befunde, die wir bei der Niere der Carnivora fissipedia kennen gelernt haben, so zeigt sich ein allmähliches Aufsteigen von der einwarzigen Niere kleiner und kleinster Tierformen zu der Leistenniere größerer Arten. Die Dachsniere nimmt eine Art Mittelstellung zwischen beiden ein. Ganz unvermittelt dagegen steht dieser Reihe die Renculiniere der Gattung *Lutra* und der Ursidenfamilie gegenüber, so daß wir von einem einheitlichen Nierenbefund innerhalb der Fissipedia nicht reden können.

Familie Carnivora pinnipedia.

Literatur: Chievitz (13), Rapp (93), Gegenbaur (27), Hyrtl (51).
Untersuchtes Material: *Phoca vitulina L.*, *Otaria inbata* L.

Die Niere der Pinnipedier hat bereits mehrfach die Aufmerksamkeit der Autoren auf sich gezogen, weil sie in ihrer Gesamterscheinung und auch in ihrem inneren Bau eine ganze Reihe von Besonderheiten bietet. Auf den ersten Blick scheint sie sich auf das Engste an die eigentliche Renculiniere anzuschließen, doch lehrt eine genauere Betrachtung, daß dieser gegenüber beträchtliche Unterschiede bestehen.

Ganz besonders waren es die Ergebnisse der Korrosionsanatomie, die eine solche weitgehende Übereinstimmung lehren mußten. Der Altmeister dieser Technik, Hyrtl, gibt denn auch eine schöne Abbildung des injizierten Nierenbeckens von *Phoca vitulina* L. Man ersieht daraus, daß kein eigentliches Nierenbecken existiert, sondern daß der Ureter sich peripher in viele, immer feiner werdende Zweige teilt, deren Endäste die zahlreichen Calyces tragen, die kleinen „Einzelbecken", wie wir sie bei der Ursidenniere kennen gelernt haben, entsprechen würden.

Sehr genaue Angabe über die Robbenniere verdanken wir Chievitz, der die Nieren von *Phoca vitulina* und *Halichoerus grypus* untersucht hat. Dieser Autor schildert zunächst die aus Lappen zusammengesetzte Niere, die ca. 40 Calyces besitzt und auf dem Mittelschnitt (unserem „Hauptschnitt" entsprechend) Querschnitte von ca. 22 Lappen aufweist.

„Zwischen den Lappen sieht man die Äste des Ureters, sowie der Gefäße, von denen besonders die Venen reichlich entwickelt sind; sonst liegen die Lappen dicht aneinander, die Corticalis des einen gegen diejenige des Nachbarn stoßend. Der Ureter am medialen Nierenrande ragt bis ungefähr zu dessen Mitte vor, biegt dann rechtwinklig in die Niere hinein und teilt sich ungefähr halbwegs zwischen dem medialen und lateralen Rande in zwei Hauptäste, einen cranialen und einen caudalen, welche unter einem Winkel von etwa 140° auseinanderweichen. Diese Hauptäste gehen dann weitere, rechtwinklige oder stärker divergierende Teilungen ein, und erst nachdem durchschnittlich 5—6 Teilungsstellen, von dem Ureterstamm aus gerechnet, passiert sind, kommt man zu denjenigen Ästen, welche am Corrosionspräparat in die die Papillenspitzen aufnehmenden Erweiterungen enden. Man darf indessen nicht annehmen, daß diese kleinen Endnäpfe der Corticalis immer einem Calyx entsprechen."

Diese Schilderung gibt ein genaues Bild von den Uretralverzweigungen; ebenso genau schildert Chievitz das Verhalten der eigentlich sekretorischen Substanz dieser Niere:

„Die einzelnen Lappen sind polyedrisch gegen die Nachbarteile geformt. Die Pyramide läuft ... in eine lange, kegelförmige, an der Basis etwas eingeschnürte, am Ende fein ausgezogene Papille aus. Die Länge der Pyramidenachse beträgt durchschnittlich 5 mm, die Dicke der Corticalis etwa 1 mm. In letzterer liegen etwa fünf Glomeruli übereinander. Die Zahl der Foramina papillaria habe ich an der feinen Papillenspitze nicht direkt zählen können; an Serien von Längsschnitten durch einige Papillen fand ich immer 4—5 als Maximum der auf einen Schnitt getroffenen Mündungen."

Die meisten Autoren, die die Pinnipedierniere erwähnen, stellen sie ungefähr auf eine Stufe mit der Renculiniere des Fischotters, der Bären und der Wale. Die Figuren 9, a und b auf Tafel II geben ein Bild von der Oberflächengestaltung und von einem Hauptschnitt einer solchen Niere von Phoca vitulina. Schon das Oberflächenbild zeigt, daß die einzelnen Felder, in die hier die Nierenoberfläche zerfällt, zwar scharf voneinander gesondert, daß aber keine eigentlichen Renculi gebildet sind. Es macht somit schon bei äußerer Betrachtung die Robbenniere den Eindruck einer sehr viel größeren Massivität, als es bei der Niere der Ursiden der Fall ist. Das Hauptcharakteristicum der Renculiniere fehlt, nämlich die Isolation der einzelnen Oberflächenpartien gegeneinander durch tiefe Furchen, in die die innere Nierenkapsel eindringt, und es fehlen die dünnen Stiele, denen diese Rindenlappen aufsitzen müßten. Dieser Eindruck, daß es sich um einen von der Renculiniere im engeren Sinne stark abweichenden Nierentypus handle, wird bedeutend verstärkt bei der Betrachtung eines Schnittes durch diese Niere (Fig. 9b). Auf einem solchen Schnitt, der zunächst nicht sehr übersichtlich ist, bemerkt man ein scheinbar regelloses Gewirr von kleinen Nierenpapillen von ca. 5 mm Durchmesser, wie sie Chievitz geschildert hat, von Ureter- und Gefäßverzweigungen, das Ganze ist aber eingelassen in ein festes, kompaktes Gewebe, so daß von einem Zerfall in Renculi gar keine Rede sein kann. Es ist nicht leicht, sich ein Bild von dem Bau einer solchen Niere aus Schnittbildern zu konstruieren; zu Hilfe kommen uns dabei die bereits von Hyrtl für unsere Spezies veröffentlichten Ergebnisse der Corrosionsanatomie, einer Methode, die auch von Chievitz angewandt worden ist: sie lehrt, daß die Pinnipedierniere einen verzweigten Ureter ohne eigentliches Nierenbecken besitzt, wie aus der angeführten Chievitzschen Schilderung genauer hervorgeht. Den Calyces dieser Ureterverzweigungen entsprechen einzelne spitze Papillen, die in die Kelche hineinragen, aber diese Papillen entsprechen nicht genau den Rindenfeldern. Jede Papille ist von einer dünnen Rindensubstanz umgeben, aber dies gilt nicht nur für die Papillen an der Nierenoberfläche. Vielmehr finden wir, wie eine Betrachtung unseres Schnittbildes lehrt, überall durch die ganze Nierenmasse verteilt, solche von Rinde, von glomerulushaltiger Substanz umgebene Papillen.

Somit würde sich der Ureter dieser Nierenform zwar ganz so verhalten wie der einer echten Renculiniere, und auch die Verteilung der Calyces und Pyramiden tritt in ähnlicher Form auf wie bei diesem Nierentypus. Aber der große Unterschied liegt darin, daß die Pinnipedierniere außer den bisher genannten Bestandteilen, Ureterzweigen, Rinde und Marksubstanz noch große Massen von Bindegewebe enthält, das die ganze Menge der Einzelnieren, der Papillen und der zu ihnen gehörigen kleinen sekretorischen Bezirke zu einem einheitlichen und kompakten Organ zusammenhält.

Diese Bindegewebsstränge, die das gesamte Innere der Pinnipedierniere durchziehen, lassen sich einigermaßen vergleichen mit den Columnae bertini der menschlichen wie überhaupt der „mehrwarzigen" Niere d. h. der Niere mit verhältnismäßig wenigen Papillen, deren jede einen relativ großen Sekretionsbezirk beherrscht. Hier sind es je zwischen zwei solchen sekretorischen Bezirken eindringende Bindegewebspartien, die eine Unterteilung der Gesamtniere bewirken, ohne daß äußerlich oder auf Schnitten betrachtet, deren makroskopische Einheitlichkeit aufgehoben wäre. In unserem Falle nun ist es ein ganzes Netz von solchen Bertinischen Säulen, das die Niere durchzieht, ein Netz, das in der Feinheit und Vielseitigkeit seiner Verästelungen sich auf das engste nach den Ureterverzweigungen und der dadurch bedingten großen Zahl der Pyramiden, Papillen und der sekretorischen Bezirke richtet.

Es ist also eine ganz neue Form der Säugetiernieren, die wir in der Niere der Pinnipedier kennen lernen. Wie bei anderen wasserlebenden

Säugern haben wir auch für eine außerordentlich weitgehende Zerlegung der sekretorischen Nierenpartien und ihrer Ausführungswege. Aber trotzdem ist die ganze Niere ein einheitliches Organ, und die Felderung ihrer Rinde bedeutet hier keinen Zerfall in Renculi.

In der Wirkung muß eine solche Form der Nierenzerklüftung aber sehr ähnlich sein der der Spaltung in eigentliche Renculi, und wir müssen wohl annehmen, daß beide Typen der Niere aus ähnlichen Ursachen entstanden sind. Wenn auch bereits bei Besprechung der Bärenniere betont wurde, daß das Wasserleben allein nicht ausschlaggebend sein könne für die Zerlegung der einheitlichen Niere in zahlreiche sekretorische Einzelorgane, so muß doch auch hier wieder hervorgehoben werden, daß das Vorkommen der geschilderten Nierenform bei den wasserlebenden Pinnipediern wieder ein Hinweis darauf zu sein scheint, daß die aquatile Lebensweise ein Moment sein wird, das bei der Ausbildung solcher Nierentypen als Ursache in Betracht kommt. Welche physiologischen Momente eine derartige Vergrößerung der sekretorischen Oberfläche der Nieren beim Leben im Wasser bedingen könnten, darüber lassen sich höchstens Vermutungen aufstellen, die aber kaum irgend welchen Wert besitzen dürften.

Im einzelnen ist über die beiden mir zur Untersuchung vorliegenden Nierenarten folgendes zu sagen: Die Niere von *Phoca vitulina* ist 98 mm lang, 58 breit, 39 dick, die Maße der Niere von *Otaria iubata* sind 95 : 60 : 49 mm. Bemerkenswert ist, daß eine gemeinsame Rindenschicht, die bei *Otaria* ca. 10 mm dick ist, die ganze Niere überzieht. Im übrigen sind beide Nieren nach vollkommen gleichen Schema gebaut, so daß die vorhin gegebene Schilderung für beide Nieren gültig ist. Dabei soll besonders darauf hingewiesen sein, daß es sich um je einen Vertreter sowohl der Phociden wie der Otariiden handelt, während mir von Trichechiden kein Material vorliegt. Nach Owen finden sich bei *Trichechus rosmarus* 400 Renculi in einer Niere.

Eine phyletische Zurückführung der Pinnipedierniere auf die irgend einer Familie der Carnivora fissipedia wäre wohl zweifellos verfrüht. Einmal scheint eine direkte Anknüpfung an die echte Renculiniere der Lutriden oder Ursiden wegen der hinreichend betonten zwischen beiden Typen vorhandenen Unterschiede nicht statthaft, und außerdem muß mit der Möglichkeit gerechnet werden, daß die Lebensweise im Wasser unabhängig von jeder phylogenetischen Verwandtschaft den Nierentypus modifiziert hat. Somit werden wir, solange uns genauere Einblicke in Wechselwirkung zwischen Lebensweise und Nierenform nicht vergönnt sind, und solange verknüpfende Formen fehlen, für die Niere der Fissipedier und der der Pinnipedier getrennte Formen annehmen, die nicht direkt aufeinander zurückführbar sind.

Ordnung: Cetacea.

Literatur: Rapp (93), Carus und Otto, Chievitz (13), Gegenbaur (27), Milne-Edwards (73), Owen (80), Hyrtl (51), Daudt (15).
Untersuchtes Material: *Phocaena communis* L., *Delphinus delphis* L.

Wenn die Nieren der Cetaceen hier in unmittelbarem Anschluß an die der Raubtiere besprochen werden sollen, so soll damit nicht einer systematischen Verwandtschaft Rechnung getragen werden, sondern es geschieht dies vielmehr in erster Linie deshalb, weil sich in rein morphologischer Hinsicht zahlreiche Anknüpfungspunkte ergeben zwischen den Nieren der Ottern und Bären, der Phociden und denen der Cetaceen, also mit den bisher besprochenen reinen oder modifizierten Formen der Renculiniere.

Den zahlreichen Anatomen, die Gelegenheit gehabt haben, Cetaceen einer der beiden Unterordnungen, der Odonto- oder Mystacoceten, zu untersuchen, ist das aufgefallen, was das Hauptcharakteristicum der Walniere ausmacht, die bis ins äußerste Extrem ausgebildete Form der Renculiniere. Es gibt keine andere Säugetierniere, bei der die Aufteilung des Organes zu einer außerordentlich großen Zahl von Einzelorganen so weit gegangen wäre, wie bei der Cetaceenniere. Von älteren Untersuchern ist es besonders Rapp, dessen Schilderung hier angeführt zu werden verdient, besonders deshalb, weil er als erster auf eine gewisse Übereinstimmung zwischen Wal- und Robbenniere hinweist. Er schildert die Cetaceenniere als traubenförmig mit einem durch den Ureter gebildeten Stiel, der verzweigt ist wie der Gang einer Speicheldrüse. Den Zweigen dieses Stieles sitzen mehr als 200 Beeren, die Renculi, auf. Über deren genauere Zahl hat später Hyrtl eingehende Angaben gemacht.

„Nur die Robben stimmen in Absicht auf den Bau der Nieren mit den Cetaceen überein: Der Harnstoffleiter wird auch aus zahlreichen Wurzeln zusammengesetzt. Er kommt aber am inneren Rande der Nieren heraus und zeigt dort eine Erweiterung, eine Art Nierenbecken. Nach den Cetaceen sind die Nierenlappen bei den Robben am zahlreichsten."

Milne-Edwards berichtet nicht, wie dies die meisten Autoren tun, nur über Zahnwale, sondern auch über Bartenwale. Nachdem er angegeben hat, bei *Phocaena* fänden sich in jeder Niere bis zu 160 Lappen, fährt er fort:

„Une disposition analogue paraît exister chez tous les Cétacés proprement dits; mais chez le foetus de la Baleine, dont M. Eschricht a fait l'anatomie, on distinguait dans chaque rein environ trois mille lobulins réunis en un certain nombre de groupes qui étaient probablement destinés à constituer chez l'animal adulte autant de lobes."

Leider sind diese Angaben über die Nieren der Bartenwale sehr unvollständig.

Hyrtl hat, wie bei so vielen andern Säugetieren, auch bei *Phocaena* die Nieren mit Hilfe der Corrosionsmethode untersucht. Der gänzlich beckenlose, vielfach verzweigte Ureter trägt ungefähr 200 Calyces in jeder Niere, so daß das Bild der Hohlräume dieser Niere, bis auf die sehr viel größere Zahl der Kelche, völlig dem des Ureters der Bärenniere entspricht.

Eine sehr eingehende Untersuchung über die Niere der Wale, und zwar über die von Denti- und Mysticeten verdanken wir Daudt, und bei der Wichtigkeit seiner Angaben muß auf sie hier etwas genauer eingegangen werden. Daudt untersuchte *Phocaena communis*, das bestbekannte Objekt aus der Ordnung der Cetaceen in erwachsenen und empryonalen Exemplaren, ferner Embryonen von *Beluga leucas*, *Hyperoodon rostratus* und endlich von *Balaenoptera musculus*. Die Daudtsche Arbeit ist von besonderer Wichtigkeit, weil sie eine Vergleichung des Urogenitalsystems und somit auch der Nieren von Zahn- und Bartenwalen bietet. Ältere Beschreiber der Niere der Bartenwale, wie Beauregard und Boulart, hatten dies vergleichende Moment weniger in den Vordergrund gestellt. Vor allem zeigt sich aus allen bisher vorliegenden Befunden, daß bei beiden Gruppen der Cetaceen in dem Gesamtaufbau der Niere eine große Übereinstimmung besteht. „Die Nieren der Cetaceen sind aus einer großen Anzahl von Läppchen zusammengesetzt, die bei den einzelnen Gattungen und Arten sehr verschieden ist. So fanden wir die geringste Zahl der Renculi bei *Phocaena communis* mit ungefähr 250, bei *Beluga* waren es schon bedeutend mehr, und bei *Hyperoodon* sahen wir noch eine größere Summe, um dann bei *Balaenoptera* die höchste Zahl mit ungefähr 3000 zu finden."

Daudt erörtert eingehend die Frage, die uns bereits bei der Besprechung der Otter-, Bären- und Robbenniere wiederholt beschäftigt hat, was eine derartige Lappung der Nieren für den Organismus für eine Bedeutung haben könne. Außer einer beträchtlichen Vergrößerung der sezernierenden und ableitenden Oberfläche hält er noch eine Verschiebbarkeit der einzelnen Renculi gegeneinander, wenn auch nur innerhalb mäßiger Grenzen, für möglich. Bei der Vergrößerung der Rindenschicht und der Vermehrung der Glomeruli kann man auf eine gesteigerte Wasserabsonderung durch die Cetaceenniere schließen. Drei Momente, die nach ihm alle bei den Walen praktisch in Frage kommen, können nach Daudts Meinung eine vermehrte Harnabscheidung bewirken:

1. Wasser und wasserreiche Nahrung.
2. Secretionssteigernde Stoffe.
3. Mangel anderer wasserabscheidender Organe.

Daß die Nahrung der Wale, z. B. Heringe, die die Hauptnahrung von *Balaenoptera* bilden, stark wasserhaltig sind, ist sicher. Secretsteigernde Stoffe sieht Daudt in den gelösten Salzen des Meerwassers, einen Beweis für den Mangel anderer wasserabscheidender Organe sieht er in dem Fehlen der Schweißdrüsen in der Haut der Wale.

Daudt erörtert ferner die Frage, ob in dem Vorhandensein der vielen Renculi in der Walniere ein primärer oder sekundärer Zustand zu erblicken sei. Er neigt sich nach seinen entwicklungsgeschichtlichen Befunden der zweiten Meinung zu und erblickt in den bei den Walen vorkommenden, hier auch bereits für *Lutra* und *Ursus* beschriebenen doppelten und sogar dreifachen Renculi einen Rest eines ursprünglichen Zustandes.

Daudt geht auch auf die von uns bereits erörterte Frage ein, weshalb nicht nur bei wasserlebenden, carnivoren Säugern wie *Lutra* und den Robben, sondern auch bei den Bären gelappte Nieren vorkommen. Hier trägt er der Tatsache nicht genügend Rechnung, daß die *Ursus*arten zahlreichere Renculi besitzen als Lutra. Er schließt die Betrachtung mit dem Schlußsatze: „Es erscheint mir somit die Lappung bei den im Wasser lebenden carnivoren Säugetieren als eine Anpassungserscheinung." Wenn man diese Anpassung auch durchaus anerkennt, so bleibt die Tatsache, daß sich nicht nur bei den zwar carnivoren, aber landlebigen Bären, sondern auch bei den pflanzenfressenden Rindern eine Lappung zeigt, bisher nicht erklärt, und wir müssen daher die Meinung aufrecht erhalten, daß es außer der aquatilen Lebensweise noch andere Momente gibt, die eine Lappung der Niere bedingen können. Speziell für die Wale soll nicht in Abrede gestellt werden, daß hier das Wasserleben wohl den ausschlaggebenden Faktor bilden wird, obwohl man die auch von Daudt zugelassene Möglichkeit ins Auge zu fassen hat, daß bereits die landlebenden Vorfahren der Wale gelappte Nieren besessen hatten.

Die mir vorliegenden Präparate von *Phocaena communis* und *Delphinus delphis* können nicht zu irgend einer neuen Beleuchtung der bereits bekannten Tatsachen dienen, von Bartenwalen lag mir kein Material vor.

Ordnung: Sirenia.

Literatur: Owen (80), Rapp (93), Riha (101).

Obwohl die Sirenen keinerlei Verwandtschaft mit den Cetaceen besitzen, so wird sich der Bau ihrer Nieren, der sehr charakteristisch ist und große Besonderheiten bietet, am zweckmäßigsten hier im Anschluß an die andere Ordnung wasserlebender Säuger besprechen, zumal gerade in diesem Zusammenhange die Wirkung dieser Lebensweise auf die Nieren sich am besten vergleichend erörtern läßt. Schon die älteren Autoren wie Owen, Rapp und Milne-Edwards betonen, daß die Sirenenniere im Gegensatz zu der der Wale eine glatte Oberfläche besitze. Rapp und Owen geben beide an, Rhytina solle nach Steller gelappte Nieren wie die echten Cetaceen besitzen, Owen schreibt auch *Manatus* diese Eigenschaft zu. Dagegen stimmen beide Autoren, wie auch Milne-

Edwards, darin überein, daß sich bei *Halicore* ungelappte Nieren finden. Rapp sagt über die Niere von *Halicore dugong*:

„Das Nierenbecken ist nach der Gestalt der Niere sehr in die Länge gezogen und nimmt nicht mehrere Nierenwarzen auf, sondern es findet sich, wie bei vielen Säugetieren, z. B. Hunden, Katzen, Beuteltieren, gleichsam nur eine einzige, aber sehr in die Länge gezogene Papille. Sie ragt jedoch viel weniger in die Höhle des Nierenbeckens herein als bei den genannten Tieren. Das Nierenbecken schickt wie bei diesen Tieren zahlreiche, nicht hohle Fortsätze in die Substanz der Nieren, wodurch die einfache Nierenwarze Einschnitte erhält.

Ich habe diese Schilderung Rapps deshalb wörtlich wiedergegeben, weil sie klar angibt, zu welcher Kategorie von Nieren dieser Autor die Dugongniere rechnet, nämlich zu der von uns so bezeichneten Leistenniere. Eine ziemlich übereinstimmende Schilderung dieser Nierenform finden wir bei Owen, während Milne-Edwards sich auf die Angabe beschränkt, die Niere von *Halicore* sei ungelappt.

Erst in neuester Zeit hat Riha (101) eine sehr genaue, von zahlreichen exakten Abbildungen begleitete Schilderung der Niere von *Halicore* gegegeben, und die Wichtigkeit des Gegenstandes, sowie das allgemeinere theoretische Interesse, das er zu bieten scheint, dürfte ein genaueres Eingehen auf die Rihasche Arbeit gerechtfertigt erscheinen lassen.

„Die Nieren haben im allgemeinen eine langgestreckte, walzenförmige Gestalt; die der Leibeswand anliegende Fläche ist jedoch abgeplattet. An jeder Niere kann man einen lateralen, schwach nach außen gewölbten und einen medialen, fast parallel verlaufenden Contur unterscheiden. Außerdem besitzt jede Niere ein orales und caudales abgerundetes Ende. Die Oberfläche ist vollkommen glatt, ohne jede Spur einer Lappung. Etwas lateral vom medialen Contur, manchmal dem caudalen Pol näher als dem ovalen, findet sich auf der Ventralfläche der seichte, rundliche, wenig umfangreiche Hilus . . ."

Daraus geht schon hervor, daß die Niere von Halicore, also eines ausgesprochen an das Wasserleben angepaßten Säugetieres, in der Gesamtstruktur mit der der Wale nicht die leiseste Ähnlichkeit aufweist. Jedenfalls sind hier, wenn eine Vergrößerung der secretorischen Oberfläche durch das Wasserleben bedingt werden sollte, zur Erreichung dieses Zieles sicher nicht die gleichen Mittel angewandt wie bei den Walen. Es fragt sich, ob in der inneren Struktur dieser Niere Besonderheiten vorhanden sind, die als spezifische Anpassungen an das Wasserleben zu deuten sind. Das Auffallendste an der äußeren Form der Dugongniere ist jedenfalls ihre außerordentliche Länge.

Die Rinde ist einheitlich, ca. 8 mm dick und überzieht die in zahlreiche Pyramiden zerfallende Markschicht. „Diese sind entsprechend dem langgestreckten Bau einigermaßen segmental um eine Längsachse herum angeordnet und größtenteils vollständig voneinander geschieden . . .

Sie haben ..., abgesehen von der Basalfläche, die der Rinde aufsitzt, sonst fast völlig freie Oberflächen, die den Nierenkelchen, bzw. Nierengängen zugewendet sind."

Der Hohlraum der Niere wird in erster Linie von zwei nach den beiden Nierenpolen hin verlaufenden Nierengängen gebildet, die uns als Recessus terminales bei der Niere des Nagers *Hydrochoerus* schon begegnet sind und bei den Einhufern unter den Ungulaten aufs Neue begegnen werden. Von der Wand dieses Nierenbeckens aus erheben sich annähernd parallel gestellte bindegewebige Septen, die sich zwischen die einzelnen Markpyramiden hinein erstrecken. „Der Raum, welcher zwischen den Pyramiden und den Septen übrig bleibt, stellt die Nierenbecher (Calyces) dar, welche somit direkt den Nierengängen aufsitzen." Ob die Bezeichnung „Calyces" für diese Hohlräume, in Anbetracht der sonstigen Bedeutung des Wortes bei andern Nierenformen, ganz gerechtfertigt ist, möchte ich dahingestellt sein lassen.

Riha kommt zu dem Schluß, daß *Halicore* im Bau seiner Niere eine Sonderstellung gegenüber den Haussäugetieren einnimmt. „Am nächsten käme er noch den Verhältnissen beim Rinde, wenngleich es bei diesem zur Ausbildung von sekundären Nierengangsästen kommt. Gleich ist das Fehlen eines eigentlichen Nierenbeckens. Entfernt ähneln durch den Besitz der Nierengänge die Verhältnisse beim Pferde den vorliegenden, wenngleich die sonstigen Unterschiede zu groß sind, um an eine Verwandtschaft zu denken."

Etwas vorgreifend möchte ich hierzu bemerken, daß mir die Ähnlichkeit mit der Pferdeniere sehr viel größer zu sein scheint als mit der des Rindes, und daß wir es bei der Niere von *Halicore* mit einer ausgesprochenen Recessusniere zu tun haben, die allerdings eine Menge spezieller, nur ihr eigentümlicher Modifikationen aufweist, sich aber jedenfalls am ersten an die Niere perissodactyler Huftiere anschließen zu lassen scheint.

Während also *Halicore* eine völlig glatte, wenngleich innen sehr kompliziert gebaute Niere besitzt, gehen die Literaturangaben über den Bau der Niere der *Manatus*arten einigermaßen auseinander. Owens Angabe über die gelappte Niere von *Rhytina* und *Manatus* wurden bereits erwähnt. Murie fand eine nur oberflächliche Andeutung einer Lappung, Beddard bei *Manatus latirostris* bei einem Exemplar eine ausgesprochene, in die Tiefe gehende Lappung der Niere, dagegen bei dem zweiten Exemplar dieser Art, sowie bei *M. inunguis* ungelappte Nieren.

Während ich für *Halicore* lediglich auf Literaturangaben angewiesen war, liegt mir von *Manatus Küllikeri*, Kthl. ein Paar Nieren eines Fötus vor. Leider ist der Erhaltungszustand der Organe schlecht, und außerdem ist ihr Parenchym von Cysten durchsetzt, die fast den Eindruck machen, als seien sie parasitärer Natur. Somit bin ich nicht imstande, mir ein genaues Bild von der Form und der inneren Beschaffenheit der

Manatusniere zu machen; immerhin aber geht aus dem mir vorliegenden Präparat so viel hervor, daß unzweifelhaft die Nierenoberfläche eine deutliche Lappung aufweist. Natürlich kann, da die Niere erwachsener Individuen nicht bekannt ist, keine Entscheidung darüber ausgesprochen werden, ob es sich dabei bloß um eine embryonale Lappung handelt, wie wir sie etwa an der Niere menschlicher Föten antreffen, oder aber ob ein bleibender Zustand erreicht ist. Die cystenartigen Hohlräume, die erwähnt wurden, liegen teilweise an der Oberfläche der Niere, dicht unterhalb der inneren Kapsel.

Die ganze Niere ist stark abgeplattet, ihre Länge beträgt 63 mm, die Breite am oralen Pol 30, am kaudalen 19 mm, die größte Dicke 12 mm. Der Hilus liegt 6 mm vom medialen Rande lateralwärts, etwas dorsalwärts verschoben. Auf der ziemlich stark konvexen Ventralfläche der Niere finden sich 8 Lappen, deren Größe stark schwankt. Die große Breite des oralen Poles fällt sehr auf. Aus allem ergibt sich, daß die äußere Gestalt des Organes von der der *Halicore*niere stark abweicht.

Der Eindruck, den man bei Betrachtung des Hauptschnittes gewinnen kann, ist stark gestört durch die erwähnten cystenartigen Defekte. Soweit sich ein Urteil bilden läßt, würde im Innern keine der Teilung der Oberfläche in Lappen entsprechende Zerlegung der Nierensubstanz vorhanden sein, vielmehr scheinen auch bei dieser Niere, wie bei der von *Halicore*, zwei, allerdings recht weite, Recessus terminales vorhanden zu sein, so daß dann die Nieren von *Halicore* und *Manatus* trotz der Verschiedenheit in der Form und in der Ausgestaltung ihrer Oberfläche im wesentlichen dem gleichen Nierentypus angehören würden. Doch bedarf es zu einer weiteren Begründung dieses hier mit allem Vorbehalt ausgesprochenen Urteils weiteren und besser erhaltenen Materiales, als es mir vorliegt.

Riha erörtert die Frage, ob die ungelappte Form der Niere von *Halicore* sekundär aus der gelappten von *Manatus* abzuleiten sei. Diese Frage ist kaum mit Sicherheit zu beantworten, immerhin wird bei dem sehr komplizierten inneren Bau der Dugongniere anzunehmen sein, daß ein gelapptes Embryonalstadium dem glatten erwachsenen vorausgehe. Jedenfalls aber zeigt uns *Halicore* und schließlich auch *Manatus* durch den Bau seiner Niere, daß eine Lebensweise im Wasser auch durchgeführt werden kann, ohne daß die Nieren die bei so vielen Wassersäugern anzutreffende Traubenform annehmen müßten. Bei *Halicore* scheint das komplizierte System der Recessus und ihrer Nebenräume doch kaum ein vollwertiger Ersatz für das Kelchsystem der Niere der Zahn- oder gar der Bartenwale zu sein. Daß die herbivore Lebensweise (Daudt legt, wie wir sahen, auf die Carnivorität der Cetaceen, die wasserreiche Nahrung mit sich brächte, großes Gewicht als Ursache für die Nierenausgestaltung) der Sirenen an der von der der Wale abweichenden Nierenform schuld sei, ist kaum anzunehmen. Die Hautsecretion ist bei

Erklärung von Tafel I.

Fig.
1. a), b) Längs- und Querschnitt durch die Niere von *Echidna aculeata var. lavesi* Shaw. $^1/_1$.
2—6. Hauptschnitte durch die Nieren von
2. *Ornithorhynchus anatinus* Shaw $^1/_1$.
3. *Dasyurus virerrinus* Shaw $^1/_1$.
4. *Phascolomys ursinus* Shaw $^1/_1$.
5. *Phalangista vulpina* Meyer $^1/_1$.
6. *Thylogale eugenii* Desm. $^1/_1$.
7. a) Hauptschnitt, b) diesem parallel geführter Längsschnitt durch die Niere von *Macropus melanops* Gould $^1/_1$.
8. Hauptschnitt durch die Niere von *Dasypus villosus* Desm. $^1/_1$.
9. Hauptschnitt durch die Niere von *Bradypus tridactylus* L. $^1/_1$.
10. Hauptschnitt durch die Niere von *Erinaceus europaeus* L. $^1/_1$.
11. Hauptschnitt durch die Niere von *Centetes ecaudatus* Schreb. $^1/_1$.
12. Hauptschnitt durch die Niere von *Talpa europaea* L. $^1/_1$
13. Hauptschnitt durch die Niere von *Pteropus edulis* E. Geoff. $^1/_1$.
14. Niere von *Galeopithecus volans* L., längsgespalten und auseinander geklappt $^1/_1$.
15. a), b) Schnitt durch die rechte und linke Niere von *Hyrax abyssinicus* Hempr. $^1/_1$.
16. a) Außenansicht b) Hauptschnitt der Niere von *Myopotamus coypus* L. $^1/_1$.
17. Hauptschnitt durch die Niere von *Coelogenys paca* L. $^1/_1$.
18. Hauptschnitt durch die Niere von *Hydrochoerus capybara* Erxl. $^1/_1$.
19. Hauptschnitt durch die Niere von *Castor fiber* L. $^1/_1$.
20. Hauptschnitt durch die Niere von *Lagostomus trichodactylus* Brookes $^1/_1$.
21. Hauptschnitt durch die Niere von *Alactaga iaculus* Schreb. $^1/_1$.

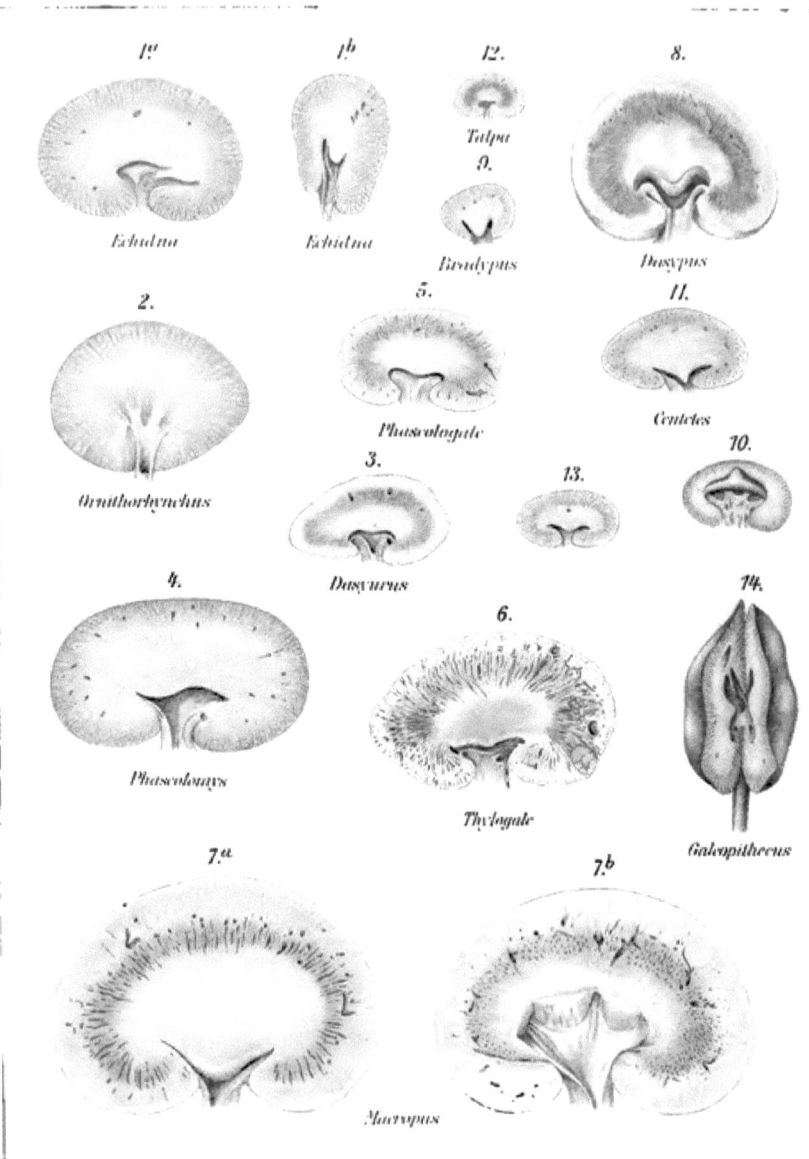

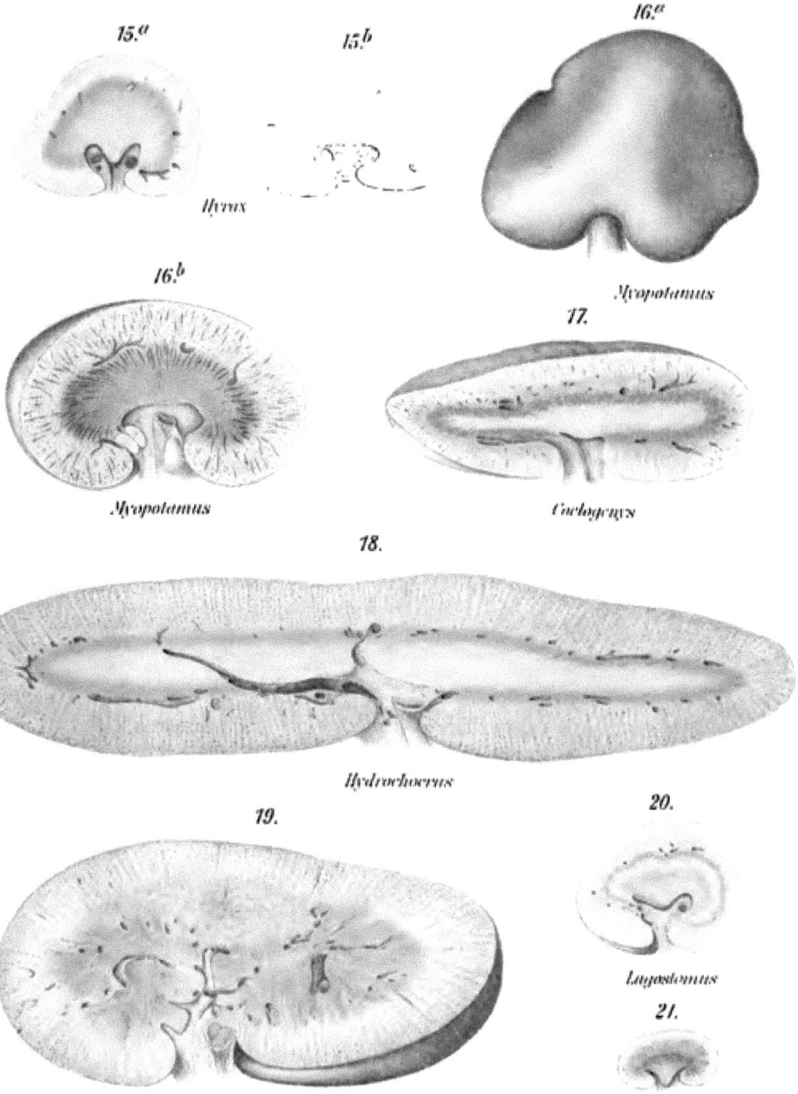

Taf. I.

Erklärung von Tafel II.

Fig.
1. a) Außenansicht. b) Hauptschnitt der Niere von *Viverra zibetha* L. $^1/_1$
2. Schnitte durch die Niere von *Hyaena crocuta* Erxl. a) Hauptschnitt, b) Parallelschnitt zu ihm $^1/_1$.
3. Hauptschnitt durch die Niere von *Felis leo* L. $^1/_2$.
4. Hauptschnitt durch die Niere von *Felis tigris* L. $^1/_2$.
5. Hauptschnitt durch die Niere von *Procyon cancrivorus* G. Cuv. $^1/_1$.
6. Hauptschnitt durch die Niere von *Canis latrans* Say $^1/_1$.
7. Schnitt durch a) einen einfachen, b) einen doppelten Renculus der Niere von *Lutra lutra* L. $^1/_1$.
8. a) Gesamtansicht der Niere von *Melursus ursinus* Shaw $^1/_1$. b) Schnitt durch einen Ureterzweig und vier Renculi derselben Niere, von denen vier zwei Papillen besitzen $^1/_1$.
9. Niere von *Otaria iubata* L. a) Teil der Oberfläche, b) Hauptschnitt $^1/_1$.
10. Hauptschnitt durch die Niere von *Boselaphus tragocamelus* Pall. iuv. $^1/_1$.
11. Querschnitt der Niere von *Oreas livingstoni* $^1/_1$.
12. Hauptschnitt durch einen Renculus von *Bos taurus* L. $^1/_1$.

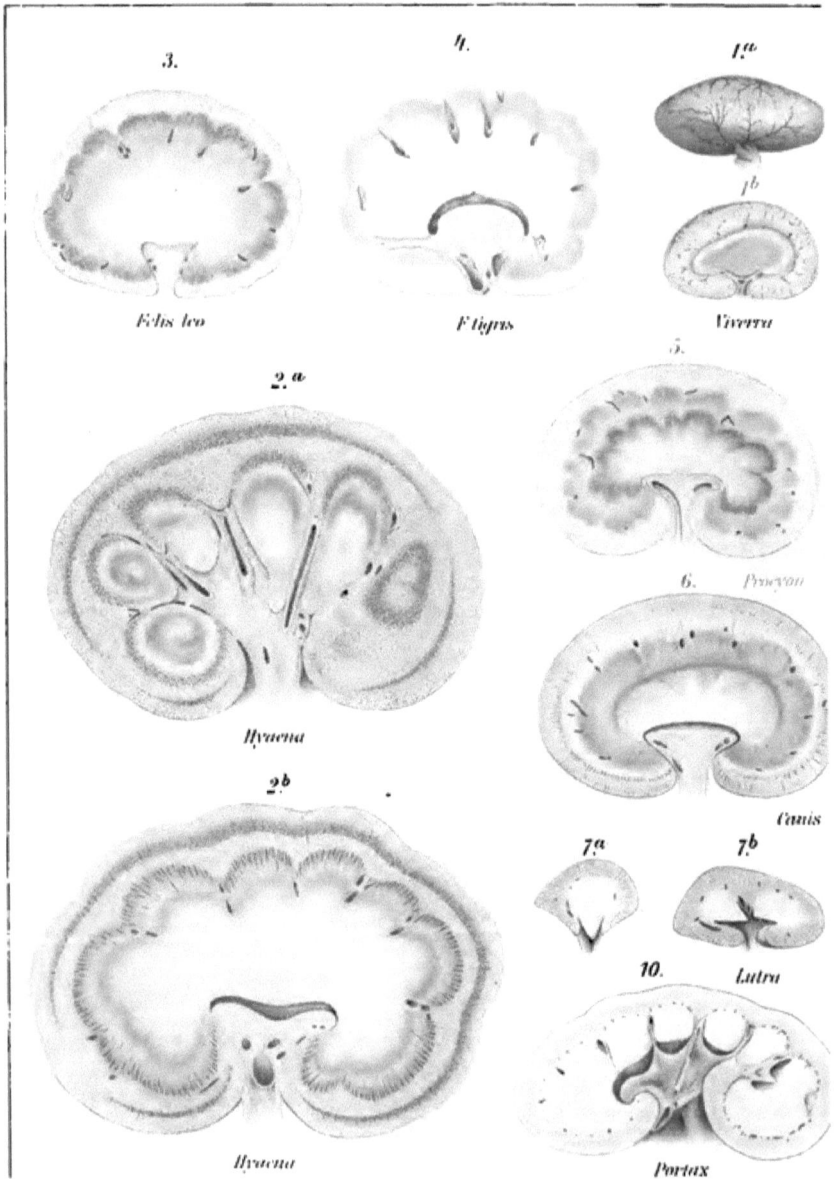

Taf. II.

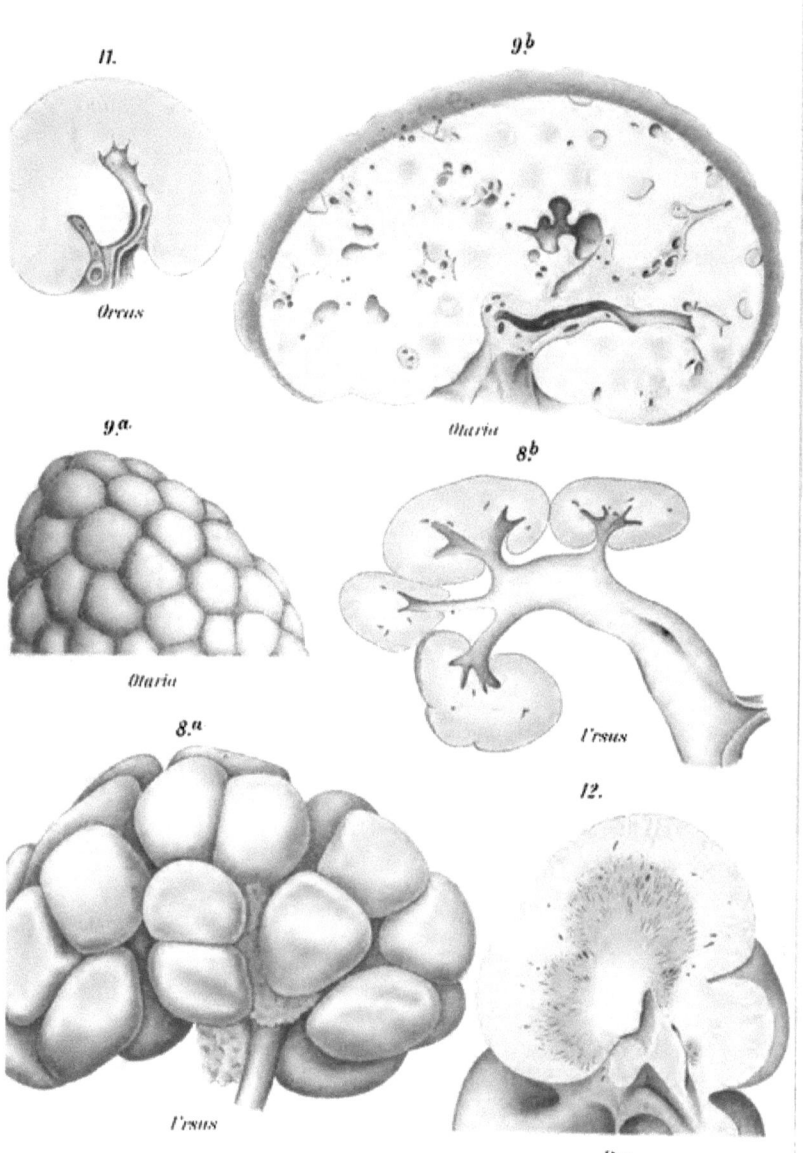

Erklärung von Tafel III.

Fig.
1. Einzelne Papille der Niere von *Sus scrofa domestica* L. $1/1$.
2. Hauptschnitt durch die Niere von *Phacochoerus africanus* Gmel. $1/1$.
3. a) Oberflächenbild, b) Hauptschnitt der Niere von *Hippopotamus amphibius* L. $1/3$.
4. Hauptschnitt durch die Niere eines jungen Individuums von *Rhinoceros bicornis* L. $1/2$.
5. Hauptschnitt durch die Niere von *Tapirus indicus* G. Cuv. $1/2$.
6. Niere von *Elefas indicus* L. $1/4$ nat. Gr. a) Oberflächenansicht von der Convexität, b) vom Hilus aus. c) Hauptschnitt.
7. Niere von *Lemur catta* L. Hauptschnitt $1/1$.
8—13. Bilder von Hauptschnitten in natürlicher Größe durch die Niere von:
8. *Ateles paniscus* L.
9. *Cynocephalus sphinx* E. Geoff.
10. *Hylobates leuciscus* Schreb.
11. *Troglodytes troglodytes* L.
12. *Simia satyrus* L.
13. *Gorilla gorilla* Wymann, a) rechte, b) linke Niere.

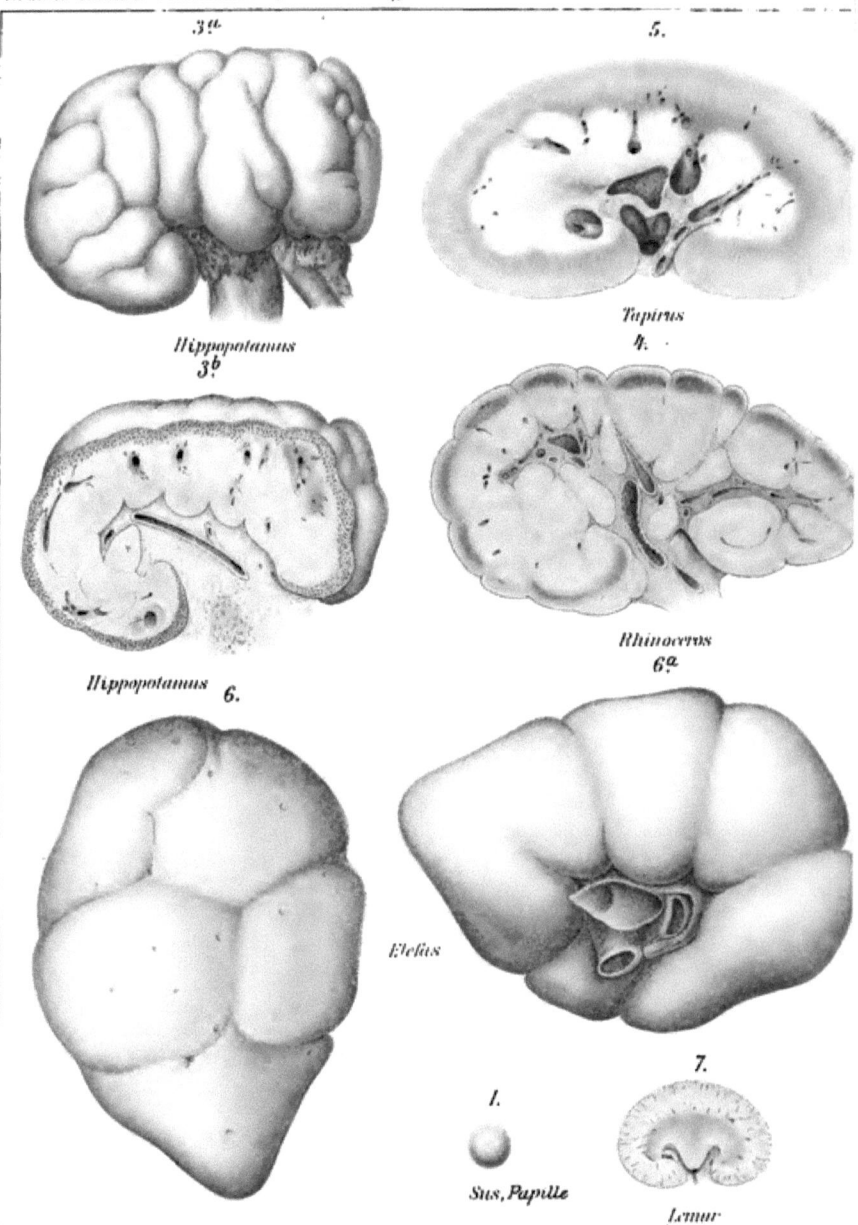

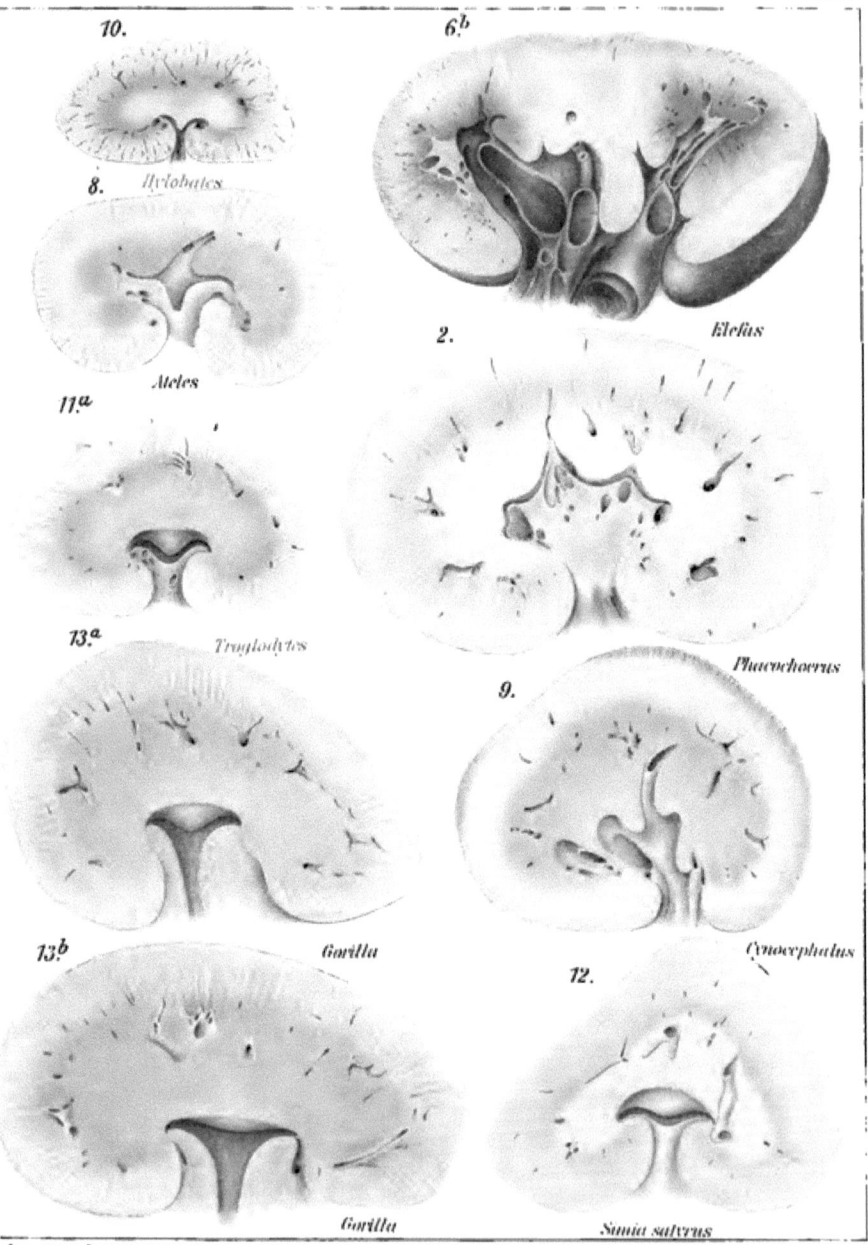

Taf. III.